KB053025

초자유,
메타인지 글쓰기

초자유,
메타인지 글쓰기

엄성원 지음

마음세상

프롤로그

혹시 'MBTI' 가 어떻게 되세요?

처음 마주한 청년들끼리 마땅한 대화 주제가 없을 때 자주 사용하는 질문이다. MBTI는 현재 10대와 30대 사이에서 유난히 주목받는 성격유형 분석 프로그램이다. 다양한 질문들을 체크 하고 검사를 받으면 자신의 성격유형을 분석해 결과를 알려준다. 그 결과는 설득력이 높아서 대다수가 수긍하고 신뢰하는 편이다. 그러나 결과를 전부 신뢰하진 않는다. 검사에 참여한 사람들도 MBTI는 자신의 모든 면을 파악해서 나온 결과가 아니며, 다양한 개개인성을 전부 고려할 수 없다는 걸 알고 있다. 재밌는 점은 많은 사람이 그 사실을 알고 있음에도 자신의 성격유형 결과를 기억해 활용한다는 점이다.

심지어 각자의 유형에서 나오는 특유의 행동과 말투, 습관들을 외워 서로의 성격을 맞춰보고, 비교하고, 대변한다는 점이다. '자신의 유형이

INFP라서 이런 행동을 하는 것이니 이해해달라.', '넌 P 성향이 강해서 즉흥적이야.' 라는 식으로 말이다. 자신의 행동 원인을 모두 대변해줄 수 있다는 듯 사용한다. 이뿐만이 아니다. 각종 블로그와 유튜브에도 MBTI를 유형별로 나눠 상황에 따라 다르게 대처하고 생각하는 모습을 콘텐츠로 제작해 큰 수익을 벌어들이기도 한다. 문화뿐만이 아니라 하나의 시장이 되어 경제적인 가치로도 인정받고 있는 셈이다. 나는 이런 유행과 확장이 흥미로우면서도 조금은 못마땅하고 안타까웠다.

자신의 성격과 적성을 정리해주는 MBTI가 선풍적인 인기를 끌고 있는 이유는 그만큼 많은 사람이 '자신이 어떤 사람인지 모르기 때문이다.' 나 또한 MBTI로 성격 검사를 받은 경험이 있다. 결과를 보며 공감도 많이 갔지만, 역시 '나'라는 존재를 다 정리하고 분석하기엔 부족했고, 틀린 설명도 많았다. 대부분 성격 검사를 받고 나면, 자신과 같다고 여기는 부분은 크게 공감하고 외워둔다. 하지만, 설명이 부족하고 애매한 분석에 대해선 그것이 왜 애매하게 느껴지는지 알고 싶어 하지 않는다.

나는 MBTI의 결과를 보고서 어떤 점이 나와 어울리지 않는지 이유를 구체적으로 설명할 수 있었다. 거만해 보일 수 있지만, 난 나 자신을 아주 잘 알고 있기 때문이다. 갑자기 알게 된 것은 아니다. 운이 좋아 '어떤 습관'을 내 삶에 끌어올 수 있게 되었고, 그 습관 덕분에 살아가면서 변해갈 내 모습들도 빠르게 포착하고 적응할 수 있게 되었다. 자신을 잘 아는 사람에게 MBTI는 큰 영향력이 없지만, 자신을 모르는 사람들에겐 강력한 영향력을 발휘한다. MBTI의 결과가 자신과 가장 가까운 모습이라 여기게 되고, 자신을 대변할 수 있는 무엇으로서 사용되기 때문이다. 자신도 파악하기 어려운 자신의 성격과 적성을 편리하게 정리해주니 말이다.

　MBTI를 이용하는 사람들이 많다는 건, 자신을 모르는 사람이 많다는 뜻이기도 하지만, 그만큼 '자신을 알고 싶어 하는 사람들도 많다.' 는 뜻이 된다. 자신을 알고 싶은 사람들의 강렬한 욕구가 MBTI를 거대한 문화로 만들었다. 그런데, 많은 사람이 자신을 알고 싶어 하면서도 막상, 스스로 자신을 알아가려는 사람은 많지 않다. 오히려 누군가 만들어둔 시스템에 기저해 자신의 성격과 적성을 판단하게 되는 상황이다. 대다수가 그것에 수긍하고 있으며 하나의 대문화로 유행하고 있다. 심각하게 볼 필요는 없지만, 경계해둘 필요는 있다고 본다.

　남이 정리해둔 '나'에게 공감하는 만큼 자신에 대해 알아가고 싶은 욕구도 줄어들 위험이 크기 때문이다. 안 그래도 자신을 알아가는 일에 관심이 적은 사람들이 자신이 무엇인지도 모른 채, 어떤 존재인지도 모른 채 살아가다 끝을 본다는 게 난 못마땅하다. 내가 '나'를 알아가는 과정에 집착하는 데는 그만한 이유가 있다.

　'나다움'을 알아갈수록 자유로운 삶에 가까워지기 때문이다. 나다움과 자유로운 삶이 무슨 연관성이 있겠냐 싶겠지만, 매우 긴밀한 사이라는 걸 알려주고 싶다. 이 책을 쓴 목적이기도 하다. '나'를 아는 것과 자유로운 삶이 얼마나 밀접한 공생관계인지 친절히 이해시켜 보고 싶다. 나를 탐구하기 위해선 어떤 행동과 안목이 필요한지 집어주고 싶다. 자신을 알아가는 일에 관심 없던 사람들에게 '필요성'을 깨워주고 싶다. 책을 읽고 '나다움'의 중요성을 인지하게 된다면, 그것으로 이 책의 목적은 완수된 것이다. 강요하거나 몰아세워 설명하고 싶지 않다. 당신 스스로 자신에게 마음을 열 수 있도록 '자유로운 삶의 비밀'을 천천히 권하고 싶다.

제1장
왜 써야만 하는가?

자유란 거저먹는 것

"단 하루라도 자유로워지고 싶다."

성인이 되고부터 습관적으로 내뱉던 말이다. 무슨 옥살이를 하는 것도 아닌데, 두 발로 가고 싶은 곳은 어디든 갈 수 있는데, 늘 삶이 답답하게만 느껴졌다. 누구나 한 번은 고민해봤을 질문이다. 도대체 자유롭다는 건 뭘까? 자유로운 삶은 뭘까? 난 지금 자유롭게 사는 건가? 누군가 내게 자유롭냐고 물었을 때 나는 당당히 '자유롭다'고 말할 수 있을까? 그렇게 말할 수 있는 사람은 지극히 소수이지 않을까? 재밌게도 난 그 소수에 해당하는 사람이 되었다. 나는 감히 내 삶이 '자유롭다'고 단언해본다. 뭘 믿고 그리 당당하게 말할 수 있는지 궁금할 것이다. 자유로운 삶이라 하면 공통으로 떠오르는 모습들이 있다. 돈을 왕창 벌어서 더는 경제적 고민을 하지 않아도 되는 모습, 거대한 목표를 달성해 큰 성취감을 얻는 것, 인지도가 높아져 영향력을 행사하는 모습, 많은 사람에게 인정받고 성공하는 모습 등. 사회적인 규칙과 규제의 제한이 줄어들고, 고민과 걱정이 줄어들수록 자유롭다고 느낄 것이다. 틀린 발상은 아니다. 충분히 자유롭다고 느낄 수 있다. 다만, 더 거대하고 꽉 들어찬 자유로움이 존재할 뿐이다.

　돈이 많아지고, 사회적으로 성공하면 더 자유로워질 것이라는 막연한 기대를 가지는 게 보통이다. 하지만, 그런 사람들을 자세히 보면 그 돈을 유지하고 관리하기 위해 더욱 철저한 보안과 감시가 이루어진다. 많은 사람의 관심과 시선을 받는 만큼 주변의 시기심도 높아져 일상의 말과 행동에 제약은 더욱 커진다. 경제적, 사회적 규제로부터는 자유로울지 몰라도 개인으로서의 규제는 더 좁아지고 압박을 받게 된다.

　그런데도 우리가 그들보다 덜 자유롭다고 느끼는 이유는 그들이 우리보다 많은 것을 가졌기 때문이 아니라 그들이 '자신과 어울리는 길을 걷고 있다.'고 느꼈기 때문이다. 우리는 자기만의 길을 당당히 걷고 있는 모습을 볼 때 '자유의 격차'를 체감하게 된다. 살아가면서 사회적으로, 경제적으로, 관계적으로 규제가 적을수록 자유로운 게 아니다.

　자신에게 주어진 사회적, 경제적 규제 안에서 내가 지금 무엇을 해야 하는지, 어디로 가야 하는지, 어디로 가고 있는지, 어떤 존재가 되고 싶은지 인지하며 나아가는 것. 난 그것이 우리가 어렴풋이 느껴왔던 '진정한 자유'라고 단언해본다.

　그런데, 여기서 눈여겨볼 점은 자기다운 길을 걷고 있는 사람들 대부분이 '기록'을 가까이 한다는 공통점을 가지고 있다. 모두가 그렇진 않지만, 대부분이 포함되는 특징이다. 그들은 기록을 통해 자신이 느낀 감정과 기분, 배움을 정리해 활용할 줄 안다. 그들은 자신이 어디로 나아가야 할지 알고 있다. 자신에게 해가 되는 것. 원동력이 되는 것. 어떤 순간에 가장 약해지고 강해지는지, 자신이 무엇을 감추고 드러내야 가장 뛰어난 역량이 발휘되는지 알고 있다. 그러니 어떤 임무를 맡더라도 부담과 불편이 덜하고, 압박이 적은 만큼 더 신중하고 올바른 판단을 내리게 된다. 어떤 사람을 만나더라도 당당할 수 있게 된다. 하루에 몇 글자 적어두는 행위로 이 모든 걸 누릴 수 있다면 꽤 쓸만한 거래가 아닐까?이런 기반이 마련되면 앞으로 어떤 변수가 나타나든 내 상황에 맞는 최고의 선택을 내릴 수 있게 된다. 미래라는 막연한 두려움 앞에 차분히 웃을 수 있게 된다. 일과 사람에 대한 두려움도 줄어들 수밖에 없다. 지금 이 책을 읽는 당신이 그런 기분을 느낄 수 있도록 돕고 싶다.

　세상에는 거저먹는 게 없다지만, 글을 통해 나를 자세히 알게 되면, 세상에서 내가 거저먹을 수 있는 게 얼마나 많은지 알게 된다. 우리 사회는 효율성을 중시하고 원한다. 모두가 최소의 행동으로 최상의 보상과 행복을 누리기를 바란다. 이것 또한 글쓰기가 주는 자유의 인센티브라고 본다. 지금 당장 글을 쓰라고 강요하고 싶지 않다. 먼저, 왜 글을 써야만 자유로워질 수 있는지, 글쓰기와 자유로움의 연관성을 천천히 말해주고 싶다. 단 하루라도 자유로워지고 싶어 시작한 글쓰기가 지금은 나의 모든 하루를 자유롭게 해주고 있으니까.

글쓰기는 인생 가성비 끝판왕

내가 글을 쓰는 최고의 이유를 꼽으라면 '이득'을 주기 때문이다. 아무리 엄청난 교훈과 성취를 느낄지라도 시간을 들인 만큼 확실하게 가져가는 게 없다면, 그 보람은 금세 헐값으로 느껴지고 특별한 기억의 우선순위에서 밀려난다. 나는 글쓰기로 인해 엄청난 이득을 얻어왔고, 지금도 그이득을 누려가고 있다. 대부분 눈에 보이는 걸 좋아하다 보니 '이득' 이라 하면 바로 돈부터 떠오를 것 같다. 맞다. 당신의 예상대로 돈도 더 벌 수 있었다. 다만, 돈보다 더 귀한 것도 얻었을 뿐이다. 세상에 돈보다 더 귀한 게있을까 싶겠지만, 실제로 있지 않은가?

대한민국은 지금 공무원과 공기업을 준비하는 청년들로 판을 치고 있다. 일주일에 한 번은 신문과 뉴스 주제로 꼭 나오니 굳이 증거 자료를 책

안에 넣을 필요도 없다. '사' 자 직업보다 '공' 자 직업이 더욱 주목받는 세상이다. 대다수 청년이 왜 공무원과 공기업을 선호할까? 돈을 많이 주니까? 알다시피 9급 공무원의 초봉은 세금을 제외하고 170만 원이 될까 말까 한다. 물론, 승진하고 각종 지원 혜택을 적용하면 더 많은 돈을 받겠지만, 사실 돈은 청년들의 2차 목적이다. 그럼 제일 중요한 1차 목적은 무엇인가? '안정'이다. 시대가 어떻게 바뀌던지 줄어들지 않는 급여와 보직. 일할 땐 일하고, 쉴 때 쉬는 보장된 근로와 휴일. 10년, 20년이 지나도 죽을 때까지 들어올 연금. 사회적으로 연동이 잘 이뤄진 각종 복지와 혜택.

겉보기엔 다 '돈' 때문인 것 같아도 청년들은 그 돈을 위해 꾸준히 일할 수 있는 '안정'을 가장 강렬하게 원하고 있다. 왜 청년들은 '안정'에 자신의 젊은 시간을 모두 쏟아부을까? 그 안정감이 높을수록 다른 일들에 집중할 시간과 여유가 많아지기 때문이다. 성인으로서 사회적, 경제적 의무를 다하면서 '자신의 시간'을 최대한 지켜낼 수 있기 때문이다. 내가 글을 쓰는 이유도 똑같다. 나에게 '안정'을 주기 때문이다. 글쓰기는 정신없이 흘러가는 일상 속에서 '나'라는 사람이 꼭 배워야 할 부분과 배우지 않아도 될 부분을 분별하게 해준다. 과거에 놓쳤던 교훈들을 다시 색출해 현재와 미래에 활용할 수 있도록 도와준다. 말이면 누가 못하겠는가? 이쯤에서 실제 적용 사례가 필요할 것 같다.

난 본래 피트니스 업에 종사하는 스포츠 강사였다. 당시에는 강사 생활을 병행하며 소소하게 내 생각을 기록하는 정도였다. 하지만, 조금이라도 글을 써왔던 덕에 강사로서의 내 길과 미래에 대해 진지하게 성찰하는 계기를 가지게 되었다. 글을 적으며 강사로서 내 의지력을 자문해보니 내 의지력은 경쟁하는 수많은 강사들에 비해 현저히 떨어진다는 걸 깨달았고, 방향 전환의 필요성을 확실하게 느꼈다. 다시 글을 적어 내가 원하는 모습이 무엇인지 찾아갔다. 그 모습을 위해 현재 내 상황과 성향에 맞춰서 지금 당장 해나갈 수 있는 일들을 적어갔다. 거부감이 크지 않으면서 접근하기 쉬운, 나에게 최대한 어울리는 일들을 발견하기 시작했다. 교육비만 지불하면 손쉽게 얻을 수 있는 자격들을 준비한 뒤, 좀 더 안전한 곳으로 직장을 옮기는 데 성공했다. 그런데, 놀랍게도 직장을 옮기자마자 코로나19 사태가 터져버린 것이다!

코로나19가 처음 한국에 미쳤던 영향력을 모두 기억할 것이다. 정부의 강력한 규제로 인해 요식업을 하던 자영업자들이 줄줄이 문을 닫고, 대면이 필수적이었던 교육업도 휘청거렸다. 땀을 흘리고, 신체 접촉이 잦은 체육 업은 코로나19에 직격타를 맞았다. 작년까지만 해도 함께 종사했던 강사들이 순식간에 일자리를 잃었다. 거기다 받아야 할 급여마저 받지 못해 궁핍한 생활을 이어갔다. 몇 달 전만 해도 같이 밥이나 먹자며 식당 문을 열고 당당히 들어갔던 강사들이 돈이 없어 함께 만나기를 주저하는 상황이 벌어졌다. 금방 끝날 줄 알았던 코로나19는 점점 길어져 몇몇 강사는 한 달 내내 라면으로 끼니를 해결하는 지경에 이르렀다. 일도 못 하는데 밀린 급여는 들어오지 않고, 각종 세금과 월세는 쌓여만 가고, 그 당시 강사들의 마음은 극도로 불안했을 것이다. 어디 강사들만 그랬을까? 불안정한 교육 과정으로 취업이 더 어려워진 취준생들, 풀려간다 싶으면 다시 조여오는 단축영업과 사회적 거리두기에 피가 마르는 자영업자들까지. 수많은 사람이 괴로움에 시달려야 했다.

안정을 잃어버린 그들이 무엇보다 견디기 힘들었던 건 당장의 궁핍이 아니었다. '사태가 더욱 악화 되어 가는데도 아무런 대처조차 할 수 없는 자신의 무력함을 계속 마주하는 일'이었을 거라고 감히 말해본다. 들이닥친 극도의 불안에 자신이 무엇을 해야 하는지 알 수 없을 때 사람은 가장 괴롭고 외로워진다. 누군가는 위기를 기회 삼아 새로운 발판과 방향을 마련해 떠오른다지만, 떠오르지 못한 사람은 위기에 짓눌려 재기할 의욕마저 상실하고 만다. 그대로 좌초해버리는 것이다. 떠오른 자는 소수에 불과하다. 그 소수에게 본받을만한 점이 많은 건 사실이지만, 난 다수가 겪었을 상실감에 해결책을 제시하고 싶다. 내가 만약 글을 쓰지 않았다면, 난 여전히 체육업에 종사하고 있었을 것이다. 똑같이 코로나19로 일자리를 잃고, 쿠팡맨이나 배달업, 일용직 등 당장에 할 수 있는 일들을 전전하며 발전에 집중하기 힘든 순환을 반복했을 것이다.

난 단순히 위기만을 넘긴 게 아니다. 위기를 넘어 안정을 쥐었으니 이제 글 쓰는 시간을 더 확보할 수 있었고, 계속 쓰다 보니 내가 할 수 있는 일들과 해야할 일들에 대한 분별이 더욱 명료해졌다. 여가를 활용해 운동, 유튜브, 블로그, 독서 모임 운영 등 내가 펼쳐갈 수 있는 역량과 환경을 늘려갔다. 이 시국에 내 적성에 더 잘 맞는 회사에 이직까지 성공했다. 미래가 점점 분명해져 확신이 생기고, 삶의 동기가 충만해져 가고 있다. 내가 이렇게 발전의 폭을 넓혀 성과를 쌓아갈 동안 위기에 빠져 고난을 겪은 수많은 강사들도 명료한 성장과 발전을 이뤄냈을까? 슬프게도 그러지 못한 사람들이 너무나 많다. 즐비하다. 대체로 자신의 미래를 장담할 수 없는 답답한 상황을 여전히 헤매고 있다. 그리고 이건 체육 업계만 해당되는 이야기가 아니다.

성공한 사람들은 위기가 곧 기회라고 말하지만, 너무 강력한 위기와 중압감은 개인의 분별력과 자제력을 파괴해 버린다. 분별력과 자제력을 잃게 되면 현 상황에 마땅히 필요한 정보나 기술은 멀리하게 되고, 자신에게 전혀 도움 되지 않는 정보와 기술을 가까이 하게 된다. 귀한 젊음의 시간과 감정을 의미 없이 날려버리게 된다. 지금의 자신에겐 고급 정보와 기술을 적용하고 활용할 역량이 없음에도, 내 상황이 급하니 당장 해결해주는 게 아니면 눈에 들어오지도 않는 것이다. 장기적인 안목이 결여되고, 단기간의 성과에 치중해 자꾸만 어리석은 선택과 결정을 반복하게 된다. 누구나 단기간에 큰 성과와 돈을 만질 수 있다는 마케팅과 콘텐츠가 판치는 요즘, 궁지에 몰린 청년들이 현명함을 내려놓는 건 당연한 일인지도 모르겠다.

내가 만약 글을 쓰지 않아 계속 체육 업에 종사해 똑같이 코로나19 직격타를 맞았다면? 장담하건대 똑같이 강력한 위기감에 짓눌려 고난에 시달리고 있었을 것이다. 단, 내가 그 상황에 빠졌다면 가장 먼저 할 일은 자신에 대한 기록이었을 것이다. 먼저 내가 마주한 상황에 대한 심정을 정리하고, 지금 내 상황에 적용할 수 있는 일과 할 수 없는 일을 확실히 구분하여 좀 더 현명한 선택을 내렸을 것이다. 현명한 선택은 쏠쏠한 성취와 자신감을 가져온다. 다시 글쓰기를 통해 그 작은 성취를 원동력으로 이전보다 더 큰 힘을 주는 목표를 분별해본다. 이전보다 나아지는 모습을 확인하고 다음 방향과 선택지를 정리해가며 내가 처한 상황을 천천히 나만의 순서로 극복해 나갔을 것이다. 이 과정이 번거롭고 귀찮을 수 있지만, 어리석은 선택들로 시간과 감정을 낭비해본 사람이라면 꽤 설득력 있는 방법이지 않을까 싶다.

내가 자신을 적어가며 정리한 시간은 길지 않았다. 대체로 30분 이내였다. 하루 30분으로 대형 위기를 몇 번이나 피하고, 돈보다 귀한 안정과 시간을 얻게 되니 내가 글을 안 쓸 이유가 없었다. 난 진로에 대해서만 적은 게 아니다. 관계나 처세에 대해서도 글쓰기로 정리해둔 덕에 요 몇 년간 사람으로 인해 스트레스를 받아본 일이 없다. 믿기지 않겠지만 정말이다. 어떤 사람이 내게 다가오든 난 그에 맞는 최선의 선택을 내릴 준비가 돼 있으니 말이다. 물론, 난데없는 폭력이나 시비는 또 모른다. 앞의 말에 요점은 관계적으로 스트레스 받을 일 자체를 만들지 않을 수 있다는 뜻이다. 글쓰기 덕분에 나의 시간과 감정, 관계들이 유연하게 통제 가능해지는 것이다. 내 시간, 감정, 관계가 시끄럽게 얽히지 않는 모습, 그런 모습이 또 자유로움을 대변하는 모습 중 하나가 아닐까?

글은 운동처럼 엄청난 힘이 필요하지도 않아 부상과 피로의 걱정이 없다. 헬스장을 가야 할 필요도 없어서 장소의 제약도 없다. 달달이 비용을 내지 않으니 경제적인 부담도 없다. 펜과 종이만 있으면 된다. 이것마저 귀찮다면 맨날 들고 다니는 핸드폰을 써도 된다. 우리가 변함없이 따라가는 트렌드가 있다. 최소한의 리스크로 최대의 효과를 누리는 것 아닌가? 마음만 먹으면 원하는 순간 언제 어디서든 할 수 있고, 거리와 돈이 들지 않는다. 그걸로 돈보다 귀한 안정과 시간을 확보할 수 있다니 이거야말로 인생 가성비 끝판왕이 아닐까?

글쓰기와 메타인지

  '글쓰기, 자유, 메타인지' 이 3가지는 밀접한 공생관계를 이루고 있다. '메타인지' 라는 말이 생소한 사람이 많을 텐데 메타인지란 자신의 능력치를 인지하고 있는 것을 말한다. 앞서 언급했던 자신의 행방과 존재 이유를 명확히 알수록 메타인지가 높다고 보면 된다. 메타인지가 높을수록 자신이 해낼 수 있는 일과 적용 가능한 기술과 정보를 확실히 구분하게 되고, 달성한 성취와 힘을 원동력으로 한 단계 더 높은 목표를 완수하게 만든다. 메타인지는 날 때부터 타고난 사람들도 있지만, 우리 대다수가 임재범처럼 고음을 지를 수 없듯, 메타인지 또한 누구나 바로 얻어지는 것이 아니다. 이 메타인지는 혼자 보고 듣고 겪은 것을 혼자 판단해 정리하고 활용할수록 향상되는데, 우리 사회적 분위기가 이걸 또 용납하지 않는다.

우리는 성인이 되기 전까지 살아가면서 스스로 판단하고 결정할 일이 많지 않다. 그러다 덜컥 성인이 되면, 나 자신의 상황과 판단을 믿고 선택을 하기보다 대다수가 가고 있는 방향에 맞춰 선택할 때가 많다. 한국의 교육 시스템은 다수가 빠르게 학습하기 좋은 구조로 이루어져 있었고, 개인의 학습 속도나 학습 기준에 대해선 세세하게 배려해줄 수 없는 단점이 발생한다. 우리는 이런 단점을 보완하지 못한 채로 자라왔고, 심지어 대학생이 되어서도 대부분의 선택지가 정해진 채로 학습을 해왔다. 오히려 대학교에 가지 않고, 사회라는 현장에서 열심히 일하며 온갖 억울한 경험을 다 해본 사람일수록 메타인지가 더 높다. 자신이 배워온 지식, 정보, 기술을 현장에서 적용해보고, 조율하고, 소통해봤기 때문이다.

　한 번 겪어보고 체감해보니 자신의 구상과 능력이 자신이 적용하려는 현장과 상황에 얼마나 영향을 미칠지 가늠할 수 있게 되는 것이다. 그런데, 배워온 것을 활용할 기회가 적고, 반복적인 흡수식 학습을 해왔던 대학생은 자신의 역량이 회사와 현장에 미치는 수준을 가늠하기 어려워진다. 4년제의 대학교는 대부분 현장학습을 하기 위해 3년을 기다려야 한다. 당장 체감하고 싶어도 체감할 수 없으니 겁이 나서 더 조심하고, 겸손하며 배워가는 사람도 있지만, 체감해본 적이 없어서 더 거만해지는 사람도 있다. 내가 그랬다. 내가 배워오거나 다듬어온 기술과 구상을 현장에 활용해본 적이 없으니 되려 더 잘 활용할 수 있다고 착각을 했다. 그 착각 덕에 남들이 기를 쓰고 배우는 기본은 다 무시한 채 무엇하나 확실한 경력도 없이 졸업을 해버렸다. 오만한 착각으로 다듬어온 내 기술과 구상은 현장에서 아무짝에도 쓸모가 없었다. 너무나 당연한 일이었다. 즉, 대학생 시절의 난 내 수준을 가늠하는 메타인지가 극심하게 모자랐다. 돌아보면 참 어리석은 순간들이다. 근데, 졸업하고 둘러보니 나 외에도 이런 착각으로 세상을 살아가는 사람들이 상당히 많았다. 심지어 나름대로 기본을 잘 갈고 닦았던 사람들마저 실제 현장에서 겪는 부조화에 불안하고 혼란스러워했다.

글쓰기는 해보지 않고선 체감할 수 없는 그 '간격'을 좁혀줄 수 있다. 머리로만 상황을 그려보고 판단하는 것이 아니라 적어가며 정리해보는 것이다. 내가 현재 이러한 생각들을 가지고 있는데, 실제로 적용해 본다면 어떤 상황이 발생할까? 좋은 쪽으로 나쁜 쪽으로 둘 다 분류해서 적어보자. 적어가다 보면 내가 생각하는 미래에 가까운 모습이 자연스레 떠오른다. 내 발상에 대한 단점과 강점이 뻔히 나온다. 거기에서 멈추지 않고 단점에 대한 보완점이나 방안도 상상하며 적어본다. 그렇게 적어가다 보면 한 번 부딪쳐볼 만한 것인지, 그냥 안 하는 게 더 이득일지 확실하게 가늠이 된다. 그렇게 글쓰기로 자신의 역량을 한 번만 섬세히 정리해두고 나면, 다음에 또 정리한 영역만큼 선택지가 와도 큰 고민 없이 시원하게 선택을 할 수 있다. 그 정도 구상은 이전에 면밀하게 가늠해본 경험이 있기 때문이다.

글쓰기를 가까이하게 되면 내가 구상해온 것들이 사회와 사람에게 반영되었을 때 벌어질 모습을 보다 분명하게 예측할 수 있게 된다. 글쓰기의 기능이 일 적으로만 적용되겠는가? 사람과 사람 간의 관계에도 적용된다. 나의 말과 행동이 그 사람에게 전해질 감정과 반응도 빠르게 예측할 수 있게 된다. 한 방 맞을 걸 미리 알고 맞으면 안 아프다. 모르고 맞았을 때 치명타가 발생한다. 치명타가 발생하면 순간의 아픔과 충격이 너무 강해서 상황이 불리하게 돌아가는 걸 알면서도 적절한 대처를 하지 못한다. 게임에서도 적에게 치명상을 입히면 적은 강력한 혼란을 겪고 그로기 상태가 된다. 손해만 보기 딱 좋은 상태가 된다. 코로나19로 거대한 위기를 겪은 다수가 각성은커녕 계속해서 침체되는 것 또한 이와 같은 이유다. 우리는 충분히 버텨내면서 이길 수 있다는 자신만의 합의점이 분명할 때 더 현명해지고 강해진다.

글을 가까이할수록 그러한 위기들을 빠르게 가늠할 수 있게 되고, 그 위기를 대비해 필요한 일들을 미리 준비할 수 있게 된다. 시간이 모자라 준비를 못 해서 위기가 들이닥쳐도 미리 알고 있으니 충격은 덜해지고, 충격이 덜한 만큼 조금은 더 신중히 상황을 성찰해 적절한 선택을 내릴 수 있게 된다. 내가 마주한 관계와 상황, 입장과 생각들을 정리해 적어갈수록 메타인지는 향상된다. 자신의 삶에 이렇게나 중요한 글쓰기와 메타인지의 관계를 우리는 왜 들어본 적도 없었을까? 모를 수밖에 없었을까? 함께 알아가고 싶다. 왜 해야 하는지를 알려주는 것만큼 강력한 동기도 없으니까.

우리는 늘 두 번째였다

 초등학교를 입학하고 처음 해본 IQ 테스트에서 내 IQ는 90이 나왔다. 그 수치가 한 사람의 뇌 기능을 다 설명할 순 없지만, 내가 다른 친구들에 비해 학습 속도가 느린 이유를 설명해줄 순 있었다. 당시, 반에서 IQ가 100 이하로 나왔던 사람은 나 혼자였다. 본래 학습 의욕이 없기도 했고, 수업하기 싫었던 나는 좋은 구실을 얻은 셈이다. 친구들이 몇 번의 설명으로 이해하고 배워갈 때, 나는 대여섯 번의 설명을 들은 끝에야 알아들을 수 있었다. 선생님들은 어느 순간 배움이 더딘 나를 챙겨주기 어려워했다. 모르겠다는 나의 질문에 선생님의 대답은 짧아져 갔고, 질문할 겨를도 없이 책의 페이지는 빨리 넘겨져 갔다.

 선생님과 같은 나이가 되니 충분히 이해된다. 가르칠 수 있는 시간은 제한적이고, 고작 40~50분이라는 짧은 시간 안에 20명 이상의 인원을 전부 이해시키고, 다음 진도로 넘어가야 한다. 사실상 불가능에 가까운 미션이다. 한 번에 이해하지 못한 친구들을 하나하나 직접 물어가며 설명하기엔 시간도 모자랐고, 한 명의 이해보다는 더 많은 학생의 이해를 선택해야만 했을 것이다. 그렇다고 수업이 다 끝나고 보충을 해주는 게 어디 쉬운 일인가? 어지간한 정성이 아니고선 쉬운 일이 아니다. 선생님들도 자신을 돌보는 시간이 필요하니 말이다. 설명이 다 끝나고 묻는 "알겠지?"는 라는 물음은 어느 순간 "알겠지."라는 의미로 끝나갔고, 누군가 일부러 묻지 않는 이상 선생님도 나에게 일부러 물어보지 않았다.

이러한 뒤처짐이 나만의 경험은 아니라고 생각한다. 난 묻고 싶었던 엉뚱한 질문이 참 많았다. 풀어내지 못하고 놓쳐왔던 것들이 많았다. 우리는 아주 어릴 때부터 놓쳐온 게 많다는 걸 상기시켜주고 싶다. 학습 능력이 느린 우리의 탓도 아니고, 선생님의 탓도 아니다. 단체를 빠르게 교육해야만 하는 시스템에 우리의 주체성이 배제되어 온 것뿐이다. 내가 뱉은 엉뚱한 물음에는 사실 우리에게 가장 필요한 것이 담겨있다. 예를 들어 "수학은 왜 배워야 하나요?"라는 나의 엉뚱한 질문에선 '내가 뭔가를 이해할 때 가장 중요하게 여기는 요인이 무엇인지'를 찾을 수 있다. 나는 '왜 그래야만 하는지'를 먼저 이해시켜 주면, 학습 속도가 빨라지고 이해력이 높아지는 학생이었던 것이다. 지금도 그렇다. 난 무언가 배우고 싶거나, 하고 싶은 일을 배울 때 그것을 배우고 싶은 정확한 이유와 동기부터 찾는다. 그러면 의욕도, 학습 능력도 배가 되기 때문이다. 이것이 '나'에게 어울리는 최적의 순서이다.

그렇지만, 학교에선 이런 '나'의 특성에 맞춰 교육해줄 수 없었다. 나처럼 '배울 이유'가 충족되지 않아도 개의치 않고 빠르게 이해할 수 있는 친구들이 많았으니 말이다. '나'를 중심으로 돌아갈 수 없는 시스템이다. 표준화된 시스템이 선천적으로 적합한 친구들은 큰 불편함이 없었겠지만, 나처럼 '이해의 기준점'이 깐깐했던 친구들에겐 자신의 물음을 충족시킬 순간들이 점점 줄어갔을 것이다. 나는 다행히 글쓰기를 통해 자신의 물음에 답해가며 나의 학습 속도와 의지를 강하게 만드는 요인이 뭔지 정확히 알아낼 수 있었다. 덕분에 어떤 일을 선택하거나 적응할 때도 효율성과 만족감을 크게 높일 수 있었다. 이 차이는 인생을 살아가면서 정말 큰 부분을 차지한다. 자신이 뭔가를 배워가는데, 가장 중요하게 여기는 부분을 모르면 의욕을 가지기 쉽지 않다. 1시간 만에 익힐 수 있는 것을 3~4시간에 걸쳐 익히게 된다. 시간상으로, 감정적으로 낭비가 커진다. 안 느껴도 될 스트레스가 많아지면서 처음 먹었던 각오는 불량해져 간다.

이런 중요한 이득을 모르고 살아가는 사람들이 상당수다. 누군가는 타고난 성향이 표준화된 시스템과 잘 어울려 큰 불편함 없이 살아가지만, 누군가는 타고난 성향이 현재의 시스템과 좀처럼 맞물리지 않아 불편한데도 참고서 살아간다. 당신은 어떤가? 무언가 마주했을 때 불편함을 느꼈는데도 개운하게 해소하지 못해 마음속에 응어리로 남아있진 않는가? 혹시 마음에 그런 부분을 가지고 있다면 일단 당신의 잘못이 아니라는 말부터 해주고 싶다. 우리는 어릴 때부터 모두를 위해 늘 두 번째가 되어야만 했다. 더불어 첫 번째가 될 수 있는 유일한 '수단'마저 배제되어왔다.

일기는 왜 사라졌을까?

　일기를 기억하는가? 평소에 끄적이는 걸 좋아했던 사람들에게는 가까운 느낌이지만, 적는 것을 어색해하는 사람들에겐 두꺼운 책만큼이나 건들기 어려운 느낌일 것 같다. 난 개인적으로 일기를 좋아했다. 작은 종이에 내가 보았던 것이나 느꼈던 부분을 적어두는 게 좋았고, 그걸로 인정받을 수 있어서 기뻤다. 공부는 정말 못했지만, 일기는 꾸준히 적어서 상을 받을 때도 있었다. 그런데 초등학교에서 고학년이 되자 일기는 돌연 사라져버렸다. 물론, 스스로 쓸 수도 있었지만, 더는 학교에서 인정받을 일도 없고, 내가 보고 느낀 것들을 읽어주고 알아줄 사람도 없으니 적고 싶은 의욕도 함께 사라져버렸다. 초등생 고학년까지 일기를 필수로 쓰는 곳도 있지만, 중학교, 고등학교에서 일기가 필수과목으로 배정된 학교는 보지도, 듣지도 못했다.

'국수사과영' 우리가 익숙하게 배워왔던 필수과목들은 성과가 높아지고, 풀어가는 영역이 넓어질수록 많은 사람이 관심을 가지고 인정해주었다. 심지어 그 과목을 이해하는 역량과 점수에 따라 등급이 나뉘었고, 그 등급에 따라 어른들의 시선과 대우도 달라졌다. 언제부턴가 우리가 보고 느낀 것을 적어둔 이야기에는 아무도 관심을 두지 않았다. 의문을 가져볼 겨를도 없이 그런 흐름이 당연한 것이 되어 있었다. 내가 성장해가며 겪었던 기분, 감정, 생각들은 관심받지 못하고, 관심 가지지 않는 게 당연한 수순이 되어 버렸다. 지금도 여전하다.

혹시, 당신의 삶에 누군가 일기를 꼭 써야 한다고 말해준 사람이 있는가? 국수사과영 보다 더욱 중요한 과목이 바로 일기라고 말해준 사람이 있는가? 내 삶에는 없었다. 대다수가 그럴 것이다. 그리고 앞으로도 계속될 것이다. 우리의 교육 과정에서 일기가 사라진 이유는 뭘까? 대부분은 일기가 필수과목보다 여러 방면으로 '쓸모가 없었기 때문'에 사라졌다고 예측할 것 같다. 좋은 학교, 좋은 직장을 갖는 데 필요한 건 글쓰기 아니라 필수과목의 성적이었으니까. 글쓰기로 주체적인 사고가 커진 학생들이 기존의 정규적인 학습 과정에 흥미를 잃고, 자신만의 적성을 찾아 각자의 교육 과정으로 흩어지는 모습은 학교 입장에서 그리 반가운 모습이 아니다.

당신은 학교 안에서 배운 것이 많은가? 학교 밖에서 배운 것이 많은가? 선뜻 답이 나오지 않는다면 비슷비슷하게 배운 것이다. 그만큼 우리는 학교 밖에서도 정말 많은 것을 학습하게 된다. 난 솔직히 학교 밖에서 더 많은 것을 배웠다. 학교 밖에서 배우는 것들은 학교 안과 다르게 예고가 없다. 갑자기 언성을 높이며 싸우는 부모님, 의도치 않은 친구와의 갈등, 우연히 올려다본 밤하늘 속 아름다운 보름달, 비가 오면 달라지는 일상의 거리. 우리가 접하는 모든 모습은 정리되지 않은 채로 우리에게 어떤 교훈을 알려주고 있다.

쉬운 예로, 언성을 높이며 싸우는 부모님의 모습을 보면 나는 저렇게 싸우지 않아야겠다고 다짐하게 된다. 하지만, 싸우지 않기 위해선 어떤 식으로 대화를 나누고 합의점을 찾아가야 하는지, 어떤 마음가짐과 태도를 갖추어야 하는지 구체적으로 생각하지는 않는다. 아니, 생각하지 못하게 되었다. 생각해두지 않는다고 뭐라 할 사람이 하나도 없으니 말이다. 반면, 학교 안에서 배워온 과목들은 나이와 진도에 맞게 생각하고 학습해두지 않으면, 지적하고 혼내줄 사람이 차고 넘친다. 학습 태도에 따라 자신의 등급이 매겨지고, 대우와 기대치가 달라진다.

덕분에 우리는 학교 밖에서 깨달은 교훈들을 실생활에 활용하지 못할 때가 더 많았다. 학교 밖에서 뭔가를 깨달아도 대부분 똑같은 실수를 반복하게 된다. 누군가는 글을 쓰지 않고도 경험만으로 충분히 활용해온 사람도 있지만, 글쓰기를 겸했다면 그 이상으로 활용이 가능했을 것이다. 우리가 학교 안에서 배워왔던 과목의 실력을 어떻게 높였을까? 간단하다. 배운 것을 노트에 큰 키워드로 나눠 적는다. 나눠둔 대주제를 소주제로 정리하여 좀 더 상세히 적어둔다. 적어둔 것을 암기해뒀다가 유사한 문제에 적용해 다시 풀어가면서 이해도가 빨라지고 수행력도 높아진다. 복잡한 문제를 멋들어지게 풀어낼수록 만족감도 커지고, 앞으로 겪게 될 문제에 대한 두려움도 줄어든다. 일기도 마찬가지다.

내가 학교 밖에서 깨달았던 굵직한 모습이나 순간을 몇 가지 큰 키워드로 적어둔 뒤, 그 모습을 어쩌다 마주하게 됐는지, 그 모습에서 내가 느꼈던 것이 무엇인지 적어두고, 앞으로 같은 모습을 보면 어떻게 반응하고 대처할지 적어두면 된다. 이것을 정리해 적어 두느냐, 적어두지 않느냐에 따라 내게 닥친 문제를 해결하는 속도가 확연하게 달라진다. 학교에서 필기를 잘해둔 학생이 대체로 좋은 성적을 가져가는 것처럼 말이다. 필기를 잘해둔 학생은 불시에 들이닥칠 문제들에 대해 언제든 대비가 되어 있다. 필기가 성적과 학습 실력을 높이는 무기라면, 일기는 인생의 처세 실력 높이는 무기다. 갑자기 형성된 갈등을 순탄하게 처리하게 해주고, 나를 발전시켜줄 기회를 놓치지 않게 만들고, 숱한 정보들 속에서 나에게 딱 필요한 정보만을 붙잡을 수 있도록 도와준다. 자신과 어울리는 기회를 잡기 위한 자신만의 순서를 찾도록 도와준다. 먼 길도 가까운 길도 아닌, 자신만이 딱 맞게 걸어갈 길과 속도를 알아가게 된다.

살아가면서 깨달았던 것들을 기록해 정리해두지 않으면 다른 사람의 의견이 개입될 여지도 많아진다. 훌륭한 의견과 조언이 개입되면 참 좋은 일이지만, 대체로 별 영양가 없는 조언에 흔들려 감정과 시간을 낭비할 때가 더 많지 않은가? 자신도 자신이 배운 것에 대해 정리가 부족하고 확신이 없으니 일어나는 일이다. 필기를 잘해둔 학생은 틀린 문제가 나왔을 때 이것이 왜 틀렸는지 정확히 설명할 수 있기에 더는 그 문제에 얽매이지 않는다. 바로 다음 문제로 넘어가 시험 시간을 대폭 절약한다. 일기도 마찬가지다. 인생을 살아가며 내가 얽매일 필요가 없는 문제와 상황을 확실히 분별하게 해주고, 반드시 거쳐야만 하는 문제와 상황에만 집중할 수 있도록 도와준다. 쓸데없는 시간과 감정 손실을 대폭 줄여준다.

만약, 당신이 일기를 통해 내가 무엇을 할 수 있는지 분명히 알게 되었고, 그걸 위해 뭘 해야 하는지도 분명하게 알고 있다면 선생님의 조언을 믿고 행동하겠는가? 자신의 말을 믿고 행동하겠는가? 나는 자신을 믿을 것 같다. 좋은 대학, 좋은 기업에 가야만 가치가 상승하는 학교로서는 학생 개개인이 통일된 목표가 아닌 별개의 목표를 가진다는 게 딱히 반갑지만은 않을 것이다. 그러니 간편하고 정당한 방법으로 일기를 저 멀리 밀어둔 게 아닐까? 학교가 일부러 그런 것은 아닐 것이다. 사회의 분위기가 그러했고, 앞으로도 장기간 그러할 것이고, 딱히 신경 쓰는 사람도 없고, 겸사겸사인 것이다. 우리는 그렇게, 아무렇지 않게 자신을 알아갈 요인을 놓쳐두고 의심 한번 없이 살아오게 된 것이다. '일기'라는 말만 들어도 낯설고 어색하게 느껴지게끔 말이다.

난 글을 쓰는 행동이 단순히 자신을 알아가는 것을 넘어 '잃어버린 권리를 찾는 것'이라고 생각한다. 아니, '잃어버린 건지도 몰랐던 권리'가 아닐까?

모두의 삶은 구구절절하다

글쓰기의 필연성을 대변하는 가장 큰 이유다. 우리는 태어날 때부터 저마다 입장이 너무 심하게 다르다. 아니, 태어나기 전부터 달랐다. 어떤 가정은 경제적으로 부유해 태아일 때부터 쾌적한 시설에서 호화로운 태교로 출산하는가 하면, 어떤 가정은 경제적으로 어려워 만삭임에도 노동에 나가 배 속의 아기도 엄마와 함께 극심한 스트레스에 시달린다. 학교에 가서는 적어도 똑같은 수업을 듣겠지만, 학교 밖을 나서는 순간 입장은 완전히 달라진다. 아, 물론 학교에 가서도 불공평하긴 마찬가지다. 음악 학원, 미술 학원, 각종 교육 학원을 가는 친구가 있는가 하면, 그럴 형편이 안 돼 퇴교 후 곧장 부모의 일을 도우러 가는 친구가 있다. 부모가 없는 친구도 있고, 부모가 있지만, 사이가 좋지 않아 가정적으로 불안한 친구도 있다.

태어났더니 어머니가 집을 나가 할머니 손에서만 자란 사람도 있고, 태어났더니 알코올 중독자에 폭력만 일삼는 아버지를 만나는 사람도 있다. 춤이나 운동에 재능이 있긴 하지만, 독보적인 재능이 아닌 애매한 실력을 지닌 사람. 음악을 좋아하지만, 끔찍하게 소질이 없어 적성과 재능에 부조화를 겪는 상황까지.

그렇다. 우리는 제각기 타고난 것도 다르고, 사연도 다르며, 자라온 환경과 성장 과정 또한 극심하게 다르다. 참으로 구구절절하다. 그런데, 나의 그런 구구절절함을 누군가 하나도 빠짐없이 고려해서 교육해줄 수 있을까? 학교의 담임 선생님? 신뢰 가는 친구와 선배? 잠깐의 집중과 이해는 가능하겠지만, 선생님들도 사람이다. 매일 20~30명의 학생을 상대해 녹초가 된 와중에 한 사람, 한 사람의 사정을 깊이 헤아리며 방향을 제시하기엔 한계가 있다. 친구와 선배도 마찬가지다. 모두가 각자의 일상이 있기에 내가 원하는 순간에 원하는 이야기를 들어주고 조언해줄 형편이 안 된다. 아니, 솔직히 불가능하다.

여기서 잠시 내 얘기를 곁들여볼까 한다. 난 지독하게 가부장적인 아버지 밑에서 자라왔다. '기상!' 이 한 마디면 동생과 난 자리에서 벌떡 일어나 신발을 신고 밖으로 달려나갔다. 산골에 지어진 우리 집 뒤편에는 뒷산이 있었고, 전속력으로 오르지 않으면 뒤쫓아온 아버지가 몽둥이로 우리를 구타했다. 훈육 차원으로 살살 때리는 게 아니다. 그냥 일방적인 구타를 생각하면 된다. 단순히 멍이 드는 정도가 아닌 거친 나무 몽둥이에 살갗이 벗겨져 피가 나는 고통이다. 아버지의 말에 빠른 반응을 보이지 않으면 바로 맞는다. 내가 말을 조금만 잘못해도 맞는다. 무엇을 어떻게 잘못했는지, 논리적인 이유 따윈 없다. 그냥 아버지가 기분이 나쁘거나 듣기에 불편하면 맞는 거다. 이유를 찾아선 안 된다. 그러다 더 맞는다. 자신의 말에 반응이 느리고, 존중이 보이지 않으면 닥치고 맞는 거다.

논리가 없다. 그것이 최고의 이유다. 학대와 훈육 사이를 오가는 독특한 교육 방식. 교육인지도 의문이지만, 아버지는 그러한 방식이 자식들의 정신을 더욱 강인하고 건강하게 만든다고 여겼다. 참고로 아버지는 엄격한 기강과 질서가 요구되는 군인이나 강력계 형사도 아니다. 그냥 전자제품을 판매하는 일반 자영업자였다. 그게 더 소름이다. 확실히 체력이 건강해지긴 했지만, 정신이 강인해지진 않았다. 오히려 무서운 아버지 밑에서 자신의 주장을 말하지 못하고 살아오는 바람에 초등학교에 가선 친구들 사이에서 말수가 적은 아이가 되어 있었다. 하고 싶은 말을 참고 억누르는 아이가 되어 있었다. 태어날 때부터 부당한 대우를 받아왔으니 자신이 겪는 부당함에 딱히 반응하지 않는 아이가 되어버린 것이다. 자신이 느끼는 부당함을 집에서도 풀 수 없는데, 집 밖이라고 풀 수 있겠는가?

다행히 난 성인이 된 이후로 글쓰기를 가까이 한 덕에 내 문제의 근원을 인지하고 개선 방안을 찾아냈다. 내향적인 과거와는 전혀 다른, 외향적이고 솔직한 사람이 될 수 있었다. 덕분에 과거의 트라우마도 지나간 일화처럼 재미나게 소개하고 있지 않은가? 이게 끝이 아니다. 뒤에 더 기구한 이야기들로 글쓰기의 묘미를 설명할 테니 계속 읽어주면 감사하겠다. 우리는 세상이 넓다는 말을 세상을 보며 공감하기보다 사람을 보며 공감할 때가 더 많다. 세상엔 나보다 더 복잡하고 기구한 사연을 가진 사람들로 가득하다. 아주 그냥 널리고 널렸다. 글쓰기는 그러한 개인의 구구절절함을 스스로 풀어내 자신의 상황에 딱 맞는 방향과 해결책을 찾도록 도와준다.

뒤에서 말했듯, 우리의 사회와 관계는 내가 보고 겪은 것들에 대해 관심을 가져줄 수 없는 구조로 이루어져 있다. 심지어 자신의 가족도 말이다. 우리가 느끼는 모든 것에 일일이 반응하고 알려줄 겨를이 없다. 그러니 글쓰기를 통해 '나'라도 '나'에게 관심을 가져야 한다. 다 같이 똑같은 모습을 보아도 내가 느끼는 기분과 마음은 다르니 말이다.

우리 모두 과거에 겪은 '큰 사건' 하나쯤은 있을 것이다. 그러한 사건들은 앞으로의 관계와 행동에 큰 영향을 미친다. 당신이 겪었던 큰 사건은 어떤 모습이었는가?그 모습이 당신에게 주었던 교훈은 무엇이었을까? 그 교훈은 미래에 당신의 행동에 어떤 영향을 미치고 있는가? 무엇을 바꾸도록 만들었는가? 지금 내 모습에 불안하거나 불편한 것은 없는가? 내가 자꾸 귀찮게 묻는 데는 이유가 있다. 세상엔 나보다 귀찮게 당신을 판단하려 드는 사람이 너무너무 많기 때문이다. 나의 구구절절함을 정리해두지 않으면, 나를 잘 알지도 못하는 사람들이 내가 살아온 시간에 간섭하기 시작한다.

'프로 참견러'를 막기 위해서라도

"넌 딱 봐도 소심한 성격인 것 같아."

나의 성격이나 성향을 멋대로 참견하고 정의하는 프로 참견러가 세상엔 참 많다. 당장에 가까운 지인이나 친구도 그렇지 않은가? 스스로가 입장을 잘 기록해서 정리해두어야 마주한 서로의 입장에서 어떤 말을 전할지 분명해진다. 자신의 성격이나 방향이 잘 정리되어있지 않으면 프로 참견러의 주장에 끌려가고 정의 당하는 순간이 많아지게 된다. 예를 들어 프로 참견러가 "저번에 봤던 네 행동을 보면 너는 소심한 성격이 맞아!"라고 말했을 때, '내가 그런가?'라는 의문이 먼저 든다면 당신은 소심하지 않은 것이다. 하지만, 내가 소심하지 않다고 느끼는 이유에 대해 정리된 부분이 없으니 '그런가 보다.' 하고 넘기게 되고, 반박하고 싶어도 상대보다 논리적인 이유가 떠오르지 않아 바로 답하지 못했던 순간이 있진 않은가?

어느새 나는 소심한 편이겠거니 하고 타인에 주장에 넌지시 자신을 '정립'할 때가 있다. 상대의 의견괴 주장이 합당해서 수긍하는 게 아니라 느껴진 반감에 대해 즉각적으로 정리해 말할 수 없으니 정의 당하는 것이다. 사실 그런 참견들 하나하나가 소중한 나의 시간과 감정을 좀먹는다. 상대를 질타하는 주관적 판단은 사적인 자리보다 직장에서 자주 발생한다. 아무래도 공통된 업무를 맡아 일하다 보면 크고 작은 실수와 오해가 발생하는데, 그럴 때 직급이 높은 상사들은 사원이 일으킨 실수의 단면만 보고서 그 사람의 성격과 역량을 죄다 정의해버릴 때가 종종 있다.

"넌 이렇게 간단한 업무에도 실수가 계속되는 걸 보면, 그냥 남들보다 머리가 엄청 나쁜 게 아닐까?다른 데 가서도 똑같이 실수하고 못 할 것 같은데?"

안 그래도 실수해서 짜증나는데, 가시 박힌 말이 뒤통수를 후려친다. 자신의 실수로 발생한 상황이라 항의하며 반박하기도 어렵다. 또 실수와 겹쳐 듣다 보니 상대의 말처럼 일과 관련 없이 그냥 내가 멍청해서 그런 것 같기도 하고 헷갈릴 것이다. 사실, 실수의 요인은 자신의 방심과 불찰이 가장 크겠지만, 부가적인 요인도 꽤 많다. 업무의 적성이 맞지 않아서일 수도 있고, 당일의 컨디션 차이도 있으며, 부여받은 업무의 양이 많아서일 수도 있다. 아니면 진짜 멍청해서?는 아니고, 글쓰기를 자주 하게 되면 이런 짜증나는 상황에서 문제의 원인을 포착하는 안목이 비약적으로 향상

된다.

원인을 꼭 고치지 않아도 된다. 알고만 있어도 당신의 마음은 엄청 편해진다. 실수의 원인을 정확히 알게 되면 이제 선택만 남았기 때문이다. 원인을 개선하기 위해선 시간과 에너지가 필요하다. 어차피 영원히 혼나지 않을 순 없으니 개선하지 않고 가끔 실수하며 혼나는 게 더 편할지, 그냥 확 개선해버리고 그 일로 더는 혼날 일이 없도록 만들지 선택만 하면 된다. 그리고 원인을 정확히 알고 있으면, 누군가 내 실수를 빌미로 내 성향까지 함부로 판단하려 들어도 어차피 내가 정답을 알고 있으니 태연하게 '네, 그런가 봐요~' 하면서 넘겨버릴 수 있다. 만약, 상대의 판단이나 조언에 동요하거나 화가 난다면. 그건 그 말이 끝내주게 맞는 말이거나, 좀 짜증나게, 애매하게 맞는 말이기 때문이다. 틀린 말을 하면 굳이 반응해주기도 어색해진다. 누가 봐도 날씬한 사람에게 "뚱뚱해 보여요." 라고 말하는 것처럼 말이다.

나는 누군가 내 성격이나 연애 스타일에 대해 '넌 어떤 것 같다.' 고 판단해오면, 그 말이 나에게 맞는지 분별하는 데 3초도 걸리지 않는다. 거만해 보일 수 있지만, 자신을 너무 잘 알고 있다 보면 하기 싫어도 그렇게 된다. 적합하다 느껴지면 조언을 수용하고, 적합하지 않으면 '수용하는 척'을 한다. 그래도 생각해줘서 말했는데, 대놓고 헛소리라고 말하는 건 또 실례니까. 내 감정과 내 시간은 그 어떤 것보다 소중하다. 수용할만한 논리와 가치가 있다고 판단되는 의견만을 담아두고 싶다. 당신의 감정과 시간도 마찬가지다. 당신의 감정과 시간 또한 그 어떤 것보다 소중하다. 뭐, 누군가는 소중하지 않을 수도 있겠지만 그랬으면 좋겠다는 거다. 나만큼이나 소중하다. 그것이 얼마나 소중한 것인지 당신도 알아갔으면 좋겠다. 자신이 살아가면서 보고, 듣고, 겪어온 것을 토대로 '나'라는 존재를 정의해야지. 손쉽게 말로만 뱉어낸 상대의 평가와 의견에 취합해서 자신을 정해두는 건 그리 현명한 선택이 아니다.

　살면서 참견을 안 받아본 사람이 있을까? 우리는 사이가 가까워질수록 상대를 돕는다는 마음으로 의견을 제시하지만, 이로운 조언보다 참견으로 끝날 때가 허다하다. 나는 글을 쓴 이후로 상대의 인생에 참견하는 일이 현저하게 줄어들었다. 글을 적으며 깨달은 건데 자신이 자신에게 관심이 없을수록 상대의 인생에 대해 곱씹고 폄하는 시간이 많아진다. 돌아보니 나에게 참견을 하던 사람들도 그러했다. 자신의 인생을 멋지게 살고픈 욕망도, 관심도 없는 사람들이었다. 글을 가까이 한 이후로 난 내 인생에 관심이 너무 많아졌다. 누군가의 인생에 참견할 겨를이 없다. 살아가는 내내 마주할 참견러들에게 시간과 감정을 낭비하지 않기 위해서라도 자신을 위해 몇 글자 적어보는 건 어떨까?

제2장
잊혀지는 기억은 없다

사라지기 전에

"뭐부터 적어야 하지?"

자신에 대해 글을 써본 적이 없는 사람일수록 시작이 막연하게만 느껴진다. 어렵게 생각하지 말자. 적어갈 것들은 내 안에 수두룩하다. 모든 일은 시간이 지날수록 기억이 잊혀진다고 하는데, 치매 같은 병에 걸리거나, 죽음을 마주하지 않는 이상 완전히 잊혀지는 기억은 없다. 잊혀졌다고 착각하는 것이다. 당시의 상황이나 구체적인 모습들이 다소 흐려졌을 뿐. 끄집어내고 집중하면 얼마든지 선명해지는 기억들이다. 굳이 끄집어내지 않아도 일상에서 기억과 연관된 모습을 보면 환하게 선명해졌던 순간을 모두 한 번씩 경험해봤을 것이다. 이별한지 오래된 남자가 무엇을 봐도 첫사랑과 대입해 떠올리는 것처럼 말이다. 작게 쪼그라든 기억이든, 아직도 선명한 기억이든 원하는 것을 하나 집어서 적어보면 된다. 내가 먼저 권하는 부분은 '과거'다. 난 글의 시작을 현재가 아닌 '과거'에서부터 적어가보길 권하고 싶다.

내 성격과 성향, 적성 등이 빚어진 '근원'을 먼저 정리해보는 것이다. '나'라는 사람이 어떤 사람의 모습을 보고 영향을 받았는지, 어떤 교육과 말을 듣고 자라왔는지에 대해 적어보자. 복잡하게 생각하지 않아도 된다. 어렸을 적에 부모님께 자주 들었던 말이나, 내가 유독 듣기 좋아하는 단어나 칭찬에 대해서 적어도 된다. 나 같은 경우, 어린 아들에게 몽둥이를 들고 쫓아오던 아버지의 모습에서부터 적어갔던 것 같다. 참 재밌는 게 막상 몇 글자 적고 나면 사람 욕심이란 게 튀어나와 나름대로 정리가 되게끔 적어가고 싶어진다. 심지어 그 기억을 풀어내서 내가 얻고 싶은 것이 무엇인지도 구체적으로 알아낼 때가 있다. 내가 성인이 되고 무작정 적어갔던 과거의 정리를 한 번 살펴보자.

'아버지는 태어날 때부터 몽둥이를 들고 나를 쫓아왔다. 아버지에게 붙잡히면 몽둥이로 두들겨 맞았다. 아버지는 왜 그렇게 때렸던 걸까? 그게 훌륭한 교육이 된다고 생각했던 걸까? 어떻게 그런 발상을 할 수 있지? 덕분에 난 어릴 때 말도 똑바로 못하는 의기소침한 인간이 되었다. 나는 아버지처럼 안 살아야겠다. 가르쳐 주고 싶은 걸 대화만으로도 충분히 전할 수 있는 어휘력을 가져야겠다. 근데 내가 말을 잘했던가? 대화를 잘 하려면 뭘 해보면 좋을까? 내 생각을 마음껏 표현할 수 있는 걸 해보고 싶다. 프레젠테이션을 해보면 좋지 않을까? 여러 명을 대상으로 내 주장을 설득

하는 게 프레젠테이션이니까. 한 번 해봐야겠다. 프레젠테이션을 잘하려면 아무래도.'

    글을 읽다 보면 느껴지겠지만, 뛰어나게 풀어내는 그런 것 없이 생각나는 그대로 적었다. 메타인지를 높이기 위해선 형식에 너무 얽매이지 않는 게 중요하다. 그냥 떠오르는 대로 적는 게 훨씬 좋다. 욕을 쓰고 싶으면 욕을 써도 된다. 대신, 너무 많으면 곤란하다. 떠올랐던 생각을 잘 다듬어서 적으려는 순간 집중력도 약해지고, 성찰하고자 했던 의미가 와전될 확률이 높다. 일단 생각나는 대로 바로 적어라. 저 글이 길어 보이겠지만, 10줄도 안 되어 끝났다. 글을 이제 막 적기 시작했다면 10줄 이내에 끝내길 권장한다. 한 줄씩 끊어가며, ~했다. ~한다. ~간다. 등으로 간결하게 적을 것을 권장한다. 그러면 다음에 기입할 내용도 바로바로 떠오른다. 뛰어나게 풀어내 적는 건 간단하게 적어둔 걸 본 뒤에 다시 적어도 늦지 않다. 내가 무작정 적어둔 글을 자세히 살펴보면 흥미로운 특징이 있다. 과거의 이야기를 적으려 했을 뿐인데, 그 이야기에는 과거와 현재, 미래가 있다는 점이다. 이게 글쓰기가 메타인지를 비약적으로 높이는 이유다.

    글을 보면, 처음엔 아버지가 왜 그랬는지에 대해 자문하며 먼저 과거를 들춰낸다. 그러다 현재에 내가 그 과거로 어떤 사람이 되었는지 설명하게 되었고, 미래에 그러지 않기 위해선 어떤 사람이 될지를 고민하고 있다. 지나쳐온 과거 회상에 대한 짤막한 글 같지만, 저 글 안에는 과거뿐만이 아니라 현재에 미치고 있는 영향이 있고, 미래의 선택지가 있고, 성찰과 객관화, 실행에 대한 의지들이 담겨 있다. 저 글을 적고 난 실제로 프레젠테이션을 자주 접하게 되었고, 여러 대외활동을 통해 내 느낌을 표현하는 순간에 익숙해져 소통 능력도 상당히 발전했다.

당신도 웬만하면 저 글과 같이 짧고 간결하게 적기를 바란다. 전환점이 된 기억이나 큰 스트레스를 줬었던 기억의 원인과 상황을 찾아 적고, 그 기억이 현재의 나에게 어떤 영향을 미쳤는지, 지금의 나는 어떻게 해야 할 지 몇 글자 적어보자. 한 줄씩만 적어도 된다. 막상 적는 걸 시작하고 나면 10줄 이내에 끝내라고 해도 대부분 더 많이 적게 된다. 그만큼 선명했던 기억이고, 풀어낼 것이 많았던 사연이기 때문이다. 만약, 과거, 현재, 미래 를 염두해서 적으라는 내 규제가 당신의 실행을 방해한다면 과감하게 버 려라. 적고 싶은 대로 적어가는 행위부터 몸에 익히는 게 먼저니까.

이제껏 적어보지도 않았던 사람에게 10줄 안에 과거, 현재, 미래를 담으 라는 말은 부담스러울지도 모른다. 운동 한 번 해보지 않은 초보자에게 자 기 몸무게와 같은 무게를 들고 스쿼트를 해보라는 것과 똑같다. 일단 생각 나는 대로 적는 게 먼저다. 30분 정도의 짧은 시간에 자신을 종이 앞에 마 주하도록 하는 게 우선이다. 아, 꼭 앉아있지 않아도 된다. 누워서 적어도 되고, 엎드려서 적어도 된다. 종이랑 펜을 구하는 게 귀찮다면 핸드폰 메 모장에라도 적어보자. 지금 책을 읽는 중에 바로 적을 순 없으니 마지막 장에서 다시 자극해주겠다.

가벼운 기억과 무거운 기억

기억은 뇌가 고장이 나거나 죽지 않는 한, 잊혀지지 않는다. 흐릿해진 기억들은 저마다 풀어낼 교훈을 가지고 있다. 내가 다시 들여다 봐주길 기다리고 있다. 문제는 그런 기억의 단편이 너무나 많아서 무엇을 '먼저' 써야 할지 망설여질 때가 있다. 우선 난 과거부터 써 내려가 보길 권장했는데, 그 수많은 과거 중에서도 아주 가벼운 기억부터 건드려 봤으면 좋겠다. 과거의 글을 쓰라고 하면 대부분 시간이 지났음에도 선명하게 남아있는 무거운 기억을 쓸 때가 많다. 시간이 지나도 선명한 기억은 그만큼 풀어낼 이야기와 교훈이 많다는 뜻이다. 그런데 글을 처음 접하는 사람은 그 기억을 죄다 풀어낼 만큼 글에 대한 의지가 없을 것이다. 당연히 적어가다 끊기는 구간이 자주 발생하고, 이는 글에 대한 몰입과 재미를 떨어뜨

린다. 헬스장에 처음 온 초보자가 다짜고짜 고난도 운동인 턱걸이를 시도하다 부상을 입고 좌절하며 돌아가는 모습과 같다. 우리의 정신 또한 갑자기 정리할 수 없는 거대한 내용을 마주하면, 심적인 부상을 입고 굴복하게 된다. 그러니 적어갈 기억 또한, 부담스럽지 않은 가벼운 기억부터 천천히 적어가는 게 좋다.

가벼운 기억이란, 나는 어쩌다 술을 좋아하게 됐는지, 가장 친한 친구와 왜 친해졌었는지, 내가 운동을 좋아하는 이유는 무엇인지 등 평소 깊게 생각해보지 않았던 내 행동들에 대해 의문을 가지고 동기를 찾아보는 것이다. 적어보면 내가 관계를 이어가는 기준이나 관점을 더욱 명료하게 알게 되고, 취미를 선택하는 기준들도 분명하게 알게 된다. 이렇게 적어서 정리하게 되면 앞으로 내가 선택할 관계와 취미를 더욱 현명하게 선택하게 된다. 내가 선택하기 전에 무엇을 기준으로 삼는지 명확해졌으니 말이다.

가끔, 가벼운 기억을 정리하다 나도 몰랐었던 중요한 기준점을 발견할 때도 있다. 이런 게 적을만한 주제인가? 싶은 가벼운 주제들로 갑자기 쓸 만한 이득을 얻었을 때 더 큰 흥미가 생긴다. 우리는 대부분 노력한 만큼 주어지는 게 있어야 재미를 느끼지 않는가? 특히, 가벼운 기억들은 생각해둔 만큼 잘 써지지 않아도 아쉬움이 덜하다. 계속 집중해도 부담스럽지 않기 때문이다. 적는 행위를 하게 되면 그 기억을 계속 떠올리고 들여다봐야만 하는데, 이별의 아픔이나, 부모님의 이혼 사유처럼 무거운 주제는 들여다볼 때마다 감정 소모가 발생하기 때문이다. 쉽게 말해, 계속 생각하거나 떠올려도 감정에 별 동요가 없다면, 그건 가벼운 기억이라고 봐도 무방하다.

반대로, 한 번만 떠올려도 감정에 동요가 일어나고, 기분이 불편하고 불안하다면 그건 '무거운 기억'이라고 할 수 있다. 무거운 기억에는 어떤 것이 있을까? 사람마다 다르겠지만, 나 같은 경우, 태어날 때부터 억압받았던 아버지에 대한 감정들과 연애를 하다 바람을 맞았던 기억, 너무나 사랑했던 첫사랑과 이별했던 기억, 존경하던 분의 죽음을 마주한 기억, 나의 아버지가 교통사고로 장애인이 되어버린 기억, 자전거로 국토 종주를 완주했을 때의 기억, 독일 워킹홀리데이로 유럽의 삶을 체험한 기억, 대회에서 1등을 해봤던 기억, 새로운 사랑을 마주했을 때의 기억 등이 있을 것이다. 주로 큰 슬픔과 상처를 동반하거나, 큰 기쁨과 보람을 줬던 경험들이 무거운 기억에 해당한다.

내가 예시한 무거운 기억 중에서 '아버지가 사고로 장애인이 된 기억'은 얼마나 풀어낼 이야기가 많겠는가? 살아가면서 더욱더 많아질 수밖에 없다. 건강했던 사람이 한순간에 누군가의 도움 없이는 단 하루도 살아갈 수 없는 몸이 되어 버렸다. 아버지는 장애인으로서, 나는 장애인의 보호자로서 한 번도 경험해본 적 없는 세상을 덜컥 살아가게 되었다. 풀어내고 정리해야 할 이야기가 수없이 생겨날 수밖에 없었다. 기억이 무겁고 선명할수록 그 안에서 풀어낼 이야기와 정보들이 다양해지며, 시간이 지날수록 또 다른 교훈과 의미를 전한다.

너무나 사랑했던 첫사랑과의 이별은 어땠을까? 그때의 나는 왜 이별을 겪게 됐는지, 서로가 이별하게 된 이유는 무엇이었는지, 이별에 종지부를 찍게 만든 결정적 요인은 무엇이었는지, 다음에 그런 아픔을 겪지 않으려면 내가 어떻게 해야 하는지. 풀어내 정리해야 할 부분들이 수두룩하게 나온다. 우리는 왜 이유가 하나라고 생각할까? 우리가 못난 연애를 반복하고, 어리석은 선택을 반복하는 이유는 고작 하나의 이유만으로 다 깨달았다고 착각했기 때문이 아니었을까?

이처럼 무겁고, 깊고 넓은 기억들은 정신적 리스크를 동반한다. 무턱대고 적었다간 속 시원히 정리하지도 못한 채 슬픔에 잠겨 포기할 확률도 발생한다. 글을 쓰기로 마음먹은 당신에게 그런 사태가 일어나지 않았으면 좋겠다. 다행히 글을 전혀 쓴 적이 없더라도 훌륭한 정리와 교훈을 주는 가벼운 기억들을 우리는 가지고 있다. 그것으로 먼저 나에 대해 소소하게 알아가길 바란다. 나에 대해 조금이라도 알아갈수록 내면의 자신감과 자존감은 올라간다. 그렇게 기백을 갖춘 후에 무거운 기억을 정리해도 늦지 않다. 조급할 필요 없다. 풀어낼 이야기와 교훈이 즐비한 무거운 기억들은 우리의 생이 다하기 전까지 느긋하게 우리를 기다려줄 것이다.

우리는 '누구나'가 아니다

이 책에서 난 다른 책과 기사에 나오는 글귀와 예시를 최대한 자제하고 싶다. 되도록 나의 삶을 기록해 개선해나갔던 과정을 토대로 알려주고 싶다. 앞서 언급했듯, 각자의 삶 하나하나가 너무나 구구절절하고 상황과 입장이 다르다. 아무리 좋은 책과 훌륭한 동기부여 영상을 봐도 실행이 안 되거나 실행해도 성과가 저조했던 경험이 있을 것이다. 당신이 모자라거나 부족해서가 아니다. 정말 게으르고 나태해서 그럴 수도 있지만, 저조한 실행의 가장 큰 이유는 그냥 나에게 맞는 방식이 아니기 때문이다. 나는 글쓰기를 통해 메타인지가 향상되면서 '나'에 대한 이해도가 비약적으로 높아졌다. 그로 인해 도전하는 것마다 꾸준히 이어갈 수 있게 되었고, 나름의 성과들이 줄줄이 발생했으며, 그 성취감을 토대로 더 자신감 있고 당당한 사람으로 거듭나고 있다.

자신을 알아간 덕분에 난 관계, 사랑, 진로, 건강 등 여러 방면으로 안정과 자유를 누릴 수 있게 되었다. 아직 경제력이 좀 아쉽긴 한데, 과거보다, 어제보다 나아지고 있음은 분명하다. 나는 경제적으로도 성장할 수 있다. 확실하다. 자신이 추구하는 모습에 가까워지는 지름길은 분명 존재한다. 단, 나에게 맞는 정보와 동기를 인지하고 있을 때 시행착오를 줄일 수 있다.

한 가지 질문을 하고 싶다. 당신의 삶은 '보편적' 이었는가? 보편적인 삶이란 무엇일까? 애초에 보편적이라는 기준도 사람마다 다르지 않은가? 잠시 내가 생각하는 보편적인 삶에 대해 말해보겠다. 보편적인 삶이란, 가난하지도 너무 부유하지도 않은 가정이다. 싸움이란 없는 화목한 부모 밑에서 자녀들은 소통이 잘 이루어져 서로 간에 상처받을 일 없이 살아가는 것. 스스로 큰 어려움 없이 평화롭게 살아왔다고 말할 수 있는 삶. 이것이 내가 생각하는 보편적인 삶이다.

그런데 이렇게 평화롭고 안정적인 삶을 살아본 사람이 얼마나 있을까? 아무리 경제적으로 윤택하고 화목한 부모님이 계시더라도 가까운 지인이나 친구의 말과 행동에 상처를 받는다. 집 안에서 행복이 보장된다고 밖에서 보장되란 법은 없다. 밖에서도 수많은 상황과 사람이 우리의 평화를 어지럽힌다. 집이 부자여도 부모에게 한 번 겪은 상처로 인해 평생을 트라우마와 콤플렉스로 살아가는 사람들도 있다. 반대로, 정말 큰 상처 하나 없이 안정적인 삶을 살아온 사람도 있다. 내 친구라서 지금도 잘 만나고 있다. 그런데, 그 친구는 자신만 안정적이고 다수의 사람은 다들 어딘가 불안정해 보이는 면들이 있어, 되려 자신의 삶이 이상한 게 아닌지 돌아보며 불안에 빠지기도 한다. 즉, 완벽하게 보편적인 사람은 없다. 보편에 가깝거나 멀어진 사람들이 있을 뿐이다.

이렇듯, 저마다 살아오면서 겪어온 모습들이 다른데 요즘 마케팅들을 보면 '누구나 할 수 있다' 는 문구를 엄청나게 강조한다. 내 생각은 전혀 아니다. 누구나 할 수 없다. 그 정보를 접한 이들이 어떤 삶을 살아왔는지, 어떤 상황을 가졌는지 아무것도 모르면서 아무나, 누구나, 어떤 사람이든 할 수 있다고 말한다. 저 문구대로 라면 정보를 구매한 사람은 모두 엄청난 성과가 발생해야 하지 않는가? 오히려 월등한 성과보다 저조한 진행과 보상으로 자존감만 떨어진 사람이 훨씬 많았을 것이다. 일단 팔고 보기 위한 무책임한 마케팅들이 개개인의 역량과 이야기를 한꺼번에 엮어버리고 있다. 우리는 누구나가 아니다. 능력도, 추진력도, 적응력도, 이해력도, 그 너비와 질마저 너무나 다른 존재다. 보편적이지 않고 하나하나가 '특별' 하다. 그 특별함을 스스로 밝혀내고 발전시키는 방법을 난 알려주고 싶다. 난 당신이 아니니까 말이다. 당신은 당신만이 가장 멋지게 구현해낼 수 있다. 너무 특별해서 아무도 다듬어줄 수 없는 당신이다. 남들보다 모자라거나 이상해서가 아니다.

명심하자. 자신의 성장 과정이 보편적인 모습과 거리가 멀고 특별할수록 글을 가까이해야 한다. 예를 들면, 부모님이 없거나, 남들이 잘 모르는 유별난 취미가 있다거나, 나처럼 가족이 장애인이 됐다거나, 20대를 모두 운동선수로만 살아오다 이제 막 사회생활을 시작한 30대 등 보편적인 노선과 다르고 특별할수록 글을 써서 자신의 입장과 상황을 명확히 정리해두어야 한다. 언급한 입장을 가진 사람들은 학교에 갈 때, 학교 밖을 나설 때, 명절을 맞이할 때 등 마주하고 겪는 모든 일상이 일반적인 가정과는 너무나 다르다. 그렇게 주입되는 뭉텅이 같은 느낌과 모습을 기록하고 정리해 출력해내지 않으면, 내 입장과 상황에 적절치 못한 선택을 반복할 확률이 높아진다. 잘못된 선택의 수 만큼 시간과 감정이 아무런 이득도 없이 낭비된다.

누누이 말하지만, 노력한 만큼 돌아오는 게 있어야 움직여지는 게 사람 본성이다. 그 보상이 돈이든, 안정감이든, 성취감이든 그 무엇으로든 만족스럽게 돌아와야 우리는 이어가고 싶어진다. 돌아오는 게 적고, 분명하지 않을수록 삶을 이끌어가는 힘과 보람도 약해진다. 성취감과 안정감을 느끼는 순간도 모두 다르다. 그래서 내 삶의 속도에 맞춰 글을 써봐야 한다. 시간이 좀 걸리더라도 내 성격과 적성, 의지력, 원동력, 위험요인 등에 대해 적어가며 성찰해 보길 권한다. 내 소중한 시간과 감정을 들였는데, 들여온 만큼 발전되는 게 보여야 할 것 아닌가? 유명 인사들이 늘 '실행'을 강조하는데, 그 실행을 나에 대한 '탐색'에다 가장 먼저 써봤으면 좋겠다.

혹시, 자신의 다름과 무지를 탓하고 있진 않은가? 탓할 필요 없다. 우리는 자신의 역량에 대해 많은 부분을 모르고 있지만, 동시에 많은 부분을 알고 있다. 이게 무슨 헛소리인가 싶겠지만, 자신에 대한 글을 적어가다 보면 공감하게 된다. 우리는 그저 자신에 대한 탐색 욕구를 잘 참아내고 있을 뿐이다. 프롤로그에 나왔던 MBTI를 생각해 보자. 자신을 너무나 알고 싶어서 확실치 않은 심리검사의 결과를 달달 외우고, 그걸로 자신을 대변하고, 소개하고, 분석하는 청년들이 얼마나 많았는가? 다들 자신을 알고 싶어 한다. 직접 자신을 알아가는 게 부담스럽고 두렵게 느껴져 시도하지 못했을 뿐이다. 나는 그 부담과 두려움을 덜어주고 싶다.

우린 이미 질문하고 있다

난 무엇이든 잘 까먹는 버릇이 있다. 불을 안 끄고 외출한다든지, 빨래를 돌려두고 까먹는다든지, 여자 친구가 부탁한 것을 그대로 집에 두고 올 때도 많다. 까먹는 것을 대수롭지 않게 여기다 결국 사고가 터졌다. 자동차 스마트 키를 바지 주머니에 넣어두곤 그대로 세탁기에 돌려버린 것이다! 구매한 지 한 달도 안 된 스마트 키는 돌아올 수 없는 소용돌이에 기능을 상실했다. 난 키를 구하기 위해 작업하기도 바쁜 시간을 들여 정비소로 갔다. 거기서 20만 원을 또 주고 키를 샀다. 끝이 아니다. 여태 내 까먹음을 눈감아줬던 여자친구도 잔소리 10단 콤보로 지쳐버린 내 멘탈을 후려쳤다. 이렇게 시간적으로, 경제적으로, 감정적으로 큰 손실을 겪고 나면, 우리의 본능은 그제야 참아왔던 의문을 터트린다.

"도대체 내가 왜 그랬지?"

살면서 이 말을 안 해본 사람이 있을까? 생각하고 뱉을 때 보다 무의식적으로 훅 튀어나온 적이 많았을 것이다. 꽤 구체적으로 자문할 때도 있다. '내가 왜 그런 말을 했지?' 하면서 말이다. 우리의 본능은 우리의 선택에서 피로와 위기를 느낄 때마다 항상 요구해왔다. 당장 왜 그러는지 좀 알아보라고 말이다. 우리는 바쁜 일상을 핑계로 그 요구들을 외면해왔다. 실제로 바쁘기도 엄청 바쁘다. 바쁜 시간을 낭비 없이 잘 활용하고 싶은 욕심에 우리는 급한 해결점을 늘 뒤로 미룬다.

우리는 그 본능적인 질문을 잘 다듬어 대답해둘 필요가 있다. 중대한 이유나 명분이 있어서가 아니다. 단순히 자신의 이득을 위해서다. 바쁘고 복잡한 인생 편하게 살기 위해서다. 내 시간과 감정, 돈을 지키기 위해서다. 이만큼 강력한 이유가 또 있을까? 본능적인 질문에 글을 써서 정리해갈수록 내 성향과 딱 맞는 현명한 방안을 찾게 된다. 사소한 실수를 계속 방치해 정신적으로 큰 피로감을 느꼈던 난 당장 공책을 펼쳤다. 살기 위해 뱉어낸 질문에 결판을 내기로 했다. 공책에다 아까 튀어나온 자문을 그대로 적는다.

나는 왜 이렇게 잘 까먹는 걸까?

그대로 적으니 반사적으로 대답이 튀어나온다.

신경을 안 쓰니까 그렇지.

다시 질문을 적어본다.

신경을 잘 쓰려면 뭘 해야 하지? 아니, 애초에 신경을 '안 쓰려면' 어떻게 해야 할까?

뭉텅이였던 자문은 글을 씀으로 인해 내 상황과 성향에 맞춰 바뀌어 가기 시작했다. 내게 정말 '필요한 질문'으로 재탄생한 것이다.

한 번씩 젖어도 상관없는 수동 키를 사용하자. 나는 관심 있는 일이나, 생존에 직결되는 일이 아니면 눈에 보이지도 않으니까. 스마트 키는 차에 놔두고 정말 필요한 일이 있을 때만 들고 다니자. 차에 놔두면 시동은 알아서 걸리고, 잃어버릴 일도 없으니. 챙겨갈 물건들도 앞으론 미리 준비해서 차에다 실어두자. 아니면 문 앞에다 놓아두자. 사소한 것에 일일이 신경 쓰는 것보다 그냥 신경 쓸 일 없이 내가 좋아하는 것들에 집중하는 게 훨씬 낫다.

이후로 난 수동 키를 사용했고, 까먹는 일로 일어날 큰 문제들에 대해 신경 쓸 일이 없어졌다. 챙겨갈 물건들도 미리 차에 실어두는 습관이 생겨 까먹을 수 있다는 여지 자체를 없애버렸다. 까먹음으로 발생할 위험 요소는 전부 차단해 버렸다. 누군가는 내 해결 방안이 마음에 들지 않을 수 있다. 아니, 그럴 거면 스마트 키는 왜 쓰는지, 조금만 더 신경 쓰면 될 일을 굳이 수동 키까지 교체하며 해결해야 하나 싶을 거다. 그러나 '나'에겐 그럴 필요가 충분한 것이다.

난 주변의 사소한 부분에 신경을 안 쓰는 게 아니라 못 쓰는 사람이다.

신경을 잘 써보기로 했다가 똑같은 실수를 마주하면 내가 얼마나 자괴감을 느낄지도 알고 있다. 관심사에 집중력이 상당히 높은 만큼 관심사가 아닌 자잘한 일에는 집중력이 현저하게 떨어진다. 그런 특성을 가진 '나'에겐 애초에 큰 위험이 발생할 여지(스마트 키를 세탁하는)를 차단하는 것이 훨씬 합리적이다. 순간의 감정에 휩쓸려 충동적으로 내린 결정이 아니다. 글을 통해 자신에게 질문하고 답하며 시간과 정성을 들여 내린 결정이다. 현명한 방안이 안 나올 수가 없다. 덕분에 내 마음은 한결 편안해진다. 하나가 안정되는 만큼 다른 하나에 더욱 집중할 수 있게 된다. 글을 통해 내 고질적인 문제를 해결한 것처럼 아무리 작은 문제를 해결하더라도 나름의 정성이 들어있지 않으면 결과는 장담할 수 없게 된다.

글을 쓰게 되면 자신에게 맞는 문제해결 과정을 찾아갈 수 있다. 나는 당신이 누군지 모른다. 당신이 누군지는 당신만이 알 수 있다. 먼저, 나처럼 글자 몇 줄로도 개선할 수 있는 작은 문제들부터 적어가는 것을 추천한다. 큰 후회나 성취감, 콤플렉스, 트라우마는 그 크기와 깊이만큼 시간과 정성이 필요하다. 우선 글쓰기로 작은 개선들을 이뤄내다 보면 글 쓰는 일에 재미가 붙고, 그 탄력으로 내 삶에 큰 문제들을 하나씩 직면하며 풀어가는 것이 좋다.

목표를 정했지만 나아가지 못하는 이유, 뭘 해야 하는지 알지만 실행하지 못하는 이유. 모두가 한 번쯤 해봤을 자문들이다. 우리는 이미 스스로 많은 질문을 던지고 있다. 만약, 내가 자주 까먹는 이유에 대해 적어두지 않았다면, 난 분명 '조금만 신경 더 쓰면 되겠지.' 하면서 넘어갔을 것이다. 장담하건대, 또 자동차 키를 세탁하고 더욱 거대한 자괴감에 빠졌을 것이다. 그로 인해 시간과 감정, 돈을 또 낭비하게 되고, 자신을 자책하며 더 우울해졌을 것이다. 다시는 하기 싫었던 실수를 다시 마주하는 것만큼 사람을 우울하게 만드는 것도 없다. 후회를 또 마주하기 전에 내가 뱉었던 자문들을 천천히 적어 가보자. 피할 수 없으면 즐기라지만, 이런 문제들은 즐겨지는 게 아니다. 그렇다고 시원하게 피해지는 것도 아니다. 그러니 글을 적어서 피해내든 즐겨내든 자기만의 답을 찾아야 한다.

불확신을 '풀확신'으로

내 고질적인 문제들을 해결하는데 외부적인 요인은 없었다. 오직 펜과 종이, 내 안의 생각만으로 해결 방안을 찾아냈다. 나는 글쓰기로 사소한 실수와 불편한 감정들을 해소해 나갔고, 나중에는 우울증과 자기혐오, 콤플렉스, 트라우마, 개인 가정사 등 복잡하게 얽힌 심리와 불안을 극복하고 통제할 수 있게 되었다. 내가 참 우울한 인간이었다는 기억조차 이젠 희미하다. 이러한 결과는 모두 내 안에서 이루어졌다. 어디서 강연을 듣거나, 센터에서 치료를 받거나, 많은 책을 읽거나, 정보를 보고 해결된 것이 아니다. 그런 정보에 약간의 도움은 있었지만, 완전한 해방과 극복은 오로지 내 안에서 이루어냈다.

놀랍게도 나는 이미 어떻게 해야 하는지 답들을 알고 있었다. 다만, 그 답들이 정리되어있지 않다 보니 실행하는데 확신이 서지 않았다. 요즘 세상엔 돈과 시간만 들이면 우리를 발전시켜줄 교육 기관과 클래스로 가득하다. 그런데 왜 우리는 선뜻 돈과 시간을 쓰지 못할까? 쉽게 내어줄 돈이 없는 탓도 있지만, 돈과 시간을 썼을 때 돌아올 결과에 대해 확신이 없기 때문이다. 글쓰기는 그러한 자기 확신을 분명하게 만든다. 자신에게 필요한 정보나 기술에 대해 스스로 질문하고 답하면서 그것이 정말 내게 필요한 것이 맞는지 정밀한 탐색 과정을 거치게 된다.

난 현재 한 회사의 일원으로 평범하게 일하고 있다. 조금 다른 점이 있다면 평일 새벽, 꾸준한 운동으로 일반인보다 건강한 신체를 유지하고 있으며, 유튜브 채널을 운영하고, 독서 모임도 운영하며, 글쓰기도 병행한다는 점이다. 우리는 본업 하나만으로도 충분히 힘들고 벅차다. 나도 공감한다. '나'란 사람에 대해 제대로 알기 전까진 나도 그랬다. 스포츠 강사였던 시절, 지금보다 여유로운 시간이 많았음에도 난 다른 일을 병행한다는 건 생각해보지도 못했다. 오히려 강사라는 직업은 다른 일들에 비해 고단하고 명확한 여가가 없다는 핑계로 실행을 미루기만 했다. 사실, 더 구체적으로 말하자면 뭔가를 시도한다고 해서 좋은 결과로 이어진다는 확신이 없었기 때문이다.

다들 그렇지 않은가? 사실, 지금 내가 뭘 해야 할지는 대부분 알고 있을 것이다. 근데 왜 못 하는가? 결과가 확실하지 않기 때문이다. 확실하지도 않은데, 확신마저 없기 때문이다. 이걸 시작해서 대박으로 이어진다는 확실한 보장만 있다면, 누가 위험하다고 뜯어말려도 우리는 자신의 모든 시간과 노력을 쏟아부을 것이다. 안 그런가? 난 주기적인 글쓰기를 통해 날 주저하게 만들던 불확신을 '풀(FULL)확신'으로 다듬어간 것이다.

우리가 뭔가를 실행했음에도 목표와 멀어지고 포기했던 이유는 단순히 의지가 부족해서가 아니다. 목표를 이루는 중에 발생할 다양한 요인과 변수를 어떻게 대처할지 구체적으로 정해두지 않았기 때문이다. 예를 들어 나에겐 '성장과 발전에 힘을 주는 작가'라는 포괄적인 목표와 모습이 있다. 그래서 목표를 이루기 위해 해야 할 일들을 천천히 적어가기 시작했다. 목표에 임하는 나의 태도, 배워야 할 기술, 필요한 정보와 관계, 창작에 도움이 되는 모임이나 사람 등 세세하게 나눠 적어갔다. 적어가다 보니 내 목표를 이루기 위해 가장 중요한 부분은 글쓰기에 집중할 안정적인 시간과 패턴이라는 걸 알게 되었다. 난 곧장 내게 맞는 다른 일자리와 기술, 정보를 알아보기 시작했다.

여러 차례 글을 적으며 질문하고 대답한 끝에 내린 결정이라 망설이지 않고 다른 곳을 알아볼 수 있었다. 당시 내 직업이었던 스포츠 강사는 일하지 않는 시간에도 수업 구성과 운동 루틴 등을 준비해야 했다. 그러지 않으면 수업의 퀄리티는 낮아지고 회원들은 떠나가 일을 할 수 없게 된다. 당장에 강습의 질이 떨어지면 일거리도 줄어들고, 굶어 죽을 위기가 자주 발생하면 대외적인 목표나 꿈에 집중할 수 있겠는가? 내가 정말 이 분야로만 성공하고 싶다면 모르겠지만, 나를 적어보니 피트니스 업에 그 정도로 독보적인 열의가 있는 것도 아니었다. 결정을 내린 나는 움직였다. 본업이 끝난 뒤에 확실하게 내 시간에 집중할 수 있는 일터와 환경이 필요했다.

내 성격과 적성에 대해서 글을 적으며 탐색해왔었다. 덕분에 내가 편하게 적응할 수 있는 곳 위주로 면접을 보러 다녔고, 좋은 기회를 얻어 한 회사의 '운송 기사'로 취직했다. 운전은 간단해 보이지만, 약간의 실수로도 큰 사고와 책임이 발생하게 된다. 그래서 끼어들기나, 급브레이크, 저속운전 등 여러 교통 상황에 대해 상당히 민감해지고 큰 스트레스를 받게 된다. 거기다 운송의 특성상 적재와 하차는 필수적인데 간혹, 무거운 물건에 관절이나 허리 등을 다쳐 정신적으로, 육체적으로 큰 피로를 느껴 그만두는 사람들도 많다. 그러나 '나'에게 해당하는 사항은 아니었다. 난 운전으로 스트레스를 받아본 일이 없다. 크락션도 정말 필요한 생존적 상황이 아니면 쓰지 않는다. 낙천적인 성격 덕분인지 도로에서 여러 위협을 직면해도 이미 지나간 위협을 내가 어찌할 수 없음을 인지하고 금방 평화를 되찾는 편이다.

적재와 하차로 인한 육체적 피로? 미안하지만, 육체적 피로는 강사로 일했을 때가 더 거대했다. '스피닝'이라는 그룹 운동이 있다. 이 운동은 매우 빠른 템포의 음악에 맞춰 싸이클 위에서 강사가 구성해온 춤을 추는 운동인데, 한 타임을 쉬지 않고 타게 되면 2000칼로리 이상이 날아가는 엄청난 고강도 운동이다. 그런 고강도 운동을 주체적으로 통솔하는 강사는 더욱 어마어마한 에너지를 소모한다. 그런 고통을 감내하며 살아왔기에 운전하기 전 들고 내리는 물건 몇 개쯤은 거뜬하다. 심장이 터져나가는 육체적 고통을 매일매일 버텨봤기 때문이다. 그렇다고 내가 처리하는 물량이 가볍거나 작은 것도 아니다. 하나당 5kg에서 많게는 10kg가 넘는다. 하지만, 나는 그러한 무게보다 더 큰 무게를 매일 견뎌오며 운동했던 스포츠 강사가 아닌가? 평일에는 그것보다 무거운 것들로 운동을 하고 출근하니 여기까지만 하겠다. (회사에서 이 책을 보면 일을 더 줄까 무섭기는 하다)

누군가에겐 그 물량과 무게가 극심한 고통이 되어 수명 저하로 다가오겠지만, 나에겐 그 물량과 무게가 간단한 운동이자 수명 연장으로 다가오는 것이다. 설사 관절에 부상이 생겨도 트레이너 시절 쌓아둔 정보와 능력을 활용해 내가 직접 재활해버리면 그만이다. 이렇듯 나에 대해 잘 알고 있게 되면 본업에 들이는 피로나 스트레스는 낮아질 수밖에 없다. 자신이 '상위호환' 되는 직업을 높은 확률로 구할 수 있게 된다. 그렇게 지켜낸 체력과 마음은 고스란히 목표를 쫓아 달리는 연료가 된다. 본업에서 스트레스와 피로가 적은 만큼 퇴근 이후의 작업에 몰입도가 높아져 구간마다 필요한 목표치를 달성하고 성과가 나타난다. 무엇보다 꾸준히 나아가는 자신의 모습을 보면서 얻게 되는 '순수한 자신감'은 최고의 원동력이 된다.

만약, 내가 글을 통해 나의 적성과 성향을 정리하지 않고, 생각만으로 다짜고짜 일자리를 알아봤다면 어떻게 됐을까? 당연히 적성과 맞지 않는 일을 선택하게 되어 본업에 들이는 피로와 스트레스가 높아지게 된다. 이는 퇴근 후에 목표를 다듬어가는 작업에도 영향을 미쳐 집중력 상실과 의지 저하를 불러오고, 정해뒀던 구간 목표를 이루지 못하게 유도한다. 자신을 가장 괴롭게 만드는 모습 중 하나가 무엇인가? 정해둔 것을 해내지 못한 자신의 모습을 다시 마주할 때이다. 그 두려움과 자괴감을 너무나 잘 알기에 우리는 무언가 함부로 도전하지 못한다. 정리가 덜 된 결정일수록 돌아오는 충격 또한 크고 묵직하다. 반대로 정리가 잘 되어있을수록 돌아오는 충격 또한 작고 미비하다.

때릴 것을 미리 알고 있으면, 피하진 못하더라도 몸에 힘을 줘서 덜 아프게 맞을 수 있은 것처럼 말이다. 오래 일하기도 했고, 좋아하기도 했던 강사라는 직업을 과감하게 그만두고 취직할 수 있었던 이유는 확신이 있었기 때문이다. 글을 써서 스스로 묻고 또 묻고, 답하고 또 답해가며 불확신을 풀확신으로 만들었기 때문이다. 당신의 실행을 주저하게 만드는 망설임은 어디에서 나오는가? 나는 당신이 겪어온 삶을 모른다. 당신을 망설이게 하고, 주저하게 만드는 요인은 오로지 당신만이 가장 확실하게 알 수 있다. 지금이라도 천천히 자신이 원하는 모습을 향해 실행할 수 있도록 확신을 다듬어 가보자. 불확신을 풀확신으로!

글을 쓰는 모두가 자유롭지 못한 이유

혹시, 지금까지 이 책을 읽으면서 이런 의문이 들진 않았는가? 내가 봤던 글 쓰는 사람들은 행복하지 않던데? 나랑 별다를 것 없던데? 똑같이 힘들고 우울해하던데? 맞다. 부정하지 않겠다. 나 또한 글을 가까이하면서도 우울한 사람들을 많이 봤다. 글을 쓰고 있음에도 약에 의존하는 사람들은 많다. 글을 쓰고 있었음에도 끝내 안정과 자유를 갖지 못하고 생을 마감하는 사람들도 많다. 인스타는 우울증 일기를 게시하는 사람들로 가득하다. 가수나 래퍼는 매일매일 자신의 이야기로 가사를 적어 음악으로 표현한다. 심지어 그 음원으로 엄청난 돈을 벌고, 인지도를 얻었음에도 자신을 이해하지 못해 괴로워하는 연예인을 우리는 자주 목격한다. 무엇이 문제일까? 이 책대로라면 글을 자주 쓸수록 더 행복하고 자유로워져야 하는 것 아닌가? 애석하게도 아무 글이나 자주 쓴다고 해서 무조건 자유로워질 수는 없다.

나 또한 그랬다. 글을 쓴다고 곧장 자유로워지거나 행복해지지 않았다. 오히려 글을 써도 크게 나아지는 것이 없었고, 더 고독하고 우울해져만 갔다. 삶을 자유롭게 만드는 글쓰기 방식을 발견하게 된 건 크나큰 행운이었다. 스포츠 강사를 그만두면서 기록할 여유 시간이 많이 생겼다. 그래서 남는 시간엔 무작정 글을 쓰기 시작했는데, 우연히 '메타인지를 높이는 글쓰기 방법'을 터득하게 된 것이다. 책의 시작에서 말했듯, 살아가는데 제한적인 부분이 적을수록 자유롭다고도 할 수 있지만, 자신에게 주어진 사회적, 경제적, 관계적 규제 안에서 무엇을 해야 할지 알고, 어디로 가야 할지, 어디로 가고 있는지 인지하며 나아가는 것이 '진정한 자유'라고 단언했다.

하지만 대다수에게 당장 글을 써보라고 하면, 방향을 찾기 위한 글이 아닌 '푸념' 하기에 바쁜 글을 쓰게 될 때도 많다. 아니면 순간적인 느낌만을 기록하는 감상문 형태의 글을 쓰게 된다. 이상한 게 아니다. 나도 그랬다. 하루하루 글을 쓰기로 다짐하긴 했는데, 무엇을 적어야 할지 몰라 생각나는 대로 두서없이 적기에 바빴다. 덕분에 꽤 많은 시간을 허비하고 자유로워지는 글쓰기를 깨달았지만, 그만큼 자신을 마주하는 근성과 체력도 커졌고, 표현하고 싶은 것을 출력하는 속도도 빨라졌다. 난 이제 내게 '득' 이 되는 글과 '독' 이 되는 글을 구별할 수 있게 되었다. 독이 되는 글이란 '개선'과 '정리' 의 목적이 아닌 '표현' 하는데 치중된 글이다. 표현하는 글이 꼭 나쁜 것만은 아니다. 독이 되는 글은 훌륭한 영감이 되어 세상에 없던 예술 작품으로 탄생할 때도 많다. 실제로도 수많은 명작과 명반에는 제작자의 애환과 고충이 고스란히 담겨있다. 다만, 곱씹어도 곱씹어도 아픈 그 기억들을 개선하는 방식으로는 쓰지 않고, 몰입하고 표현하는 방식으로만 적어가다 보니 자신의 감정을 더욱 혹사하는 것이다.

특히, 래퍼들 사이에서 이런 현상을 자주 볼 수 있다. 래퍼는 은유적인 풍부한 가사도 많이 쓰지만, 직설적이고 두서없는 가사도 상당하다. 자신의 노래로 지니고 있던 상처나 콤플렉스를 극복하는 사람도 많지만, 자신이 받아온 상처를 뱉어내고 더 큰 상처를 입는 사람도 많다. 본인에게 아직 갖춰지지 않은 거짓 정체성을 적어내 표현하며 이입하기도 한다. 예를 들어 자신은 아직 경쟁력이나 실행력, 각오와 판단이 부족한데, 지금의 자신이 부유하고 강인하며, 따라올 자가 없는 독보적인 존재라고 표현하며 최면을 거는 것이다. 자신이 적어 만든 노래를 부를 때는 온 세상을 다 가진 기분이겠지만, 그 표현이 다 끝나고 나면 그 무엇도 달라지지 않은 자신을 마주하게 된다. 그러한 부조화를 견디지 못하고, 공황장애나 우울증에 빠지는 래퍼가 상당하다.

만약, 이런 방식으로 글을 자주 쓰게 되면 자신이 적어둔 대로 독보적이고 멋진 존재가 되기 위해 운동을 하고, 공부를 하고, 자기 개발에 힘쓰게 될까? 절대 아니다. 다시 똑같은 글쓰기 방식에 의존할 확률이 높다. 이룰 수 없는 모습을 자꾸 적는 것이다. 아니, 의존하게 되는 것이다. 사실, 애환과 고통을 풀어내 표현하는 것만큼 자극적인 소재도 없으며, 일반 소재에 비해 집중력도 훨씬 커진다. 평소보다 좋은 작품들이 훨씬 잘 만들어진다. 불안정을 마다할 이유가 없는 것이다. 안정과 자유를 갈망하는 욕구보다 혼란스러운 마음속에서 언제 튀어나올지 모를 영감과 걸작을 갈망하게 되는 것이다.

목적이 불분명한 글을 쓰게 되면 돌아오는 결과 또한 불분명하다. 당신이 예술가가 아닌 현실의 사회인으로서 살아갈 욕구가 크다면 감성적인 글보다는 분석적인 글을 쓰게 하고 싶다. 그러기 위해선 앞으로 추천하는 글쓰기 방식을 최대한 참고했으면 좋겠다. 난 무작정 글을 써온 덕에 '득'이 되는 요인과 '독'이 되는 요인을 모두 경험하게 되었다. 독을 주는 글쓰기는 확실히 문학적인 작품이나 예술적 표현에 크게 기여하지만, 자유와 안정을 가져다주기엔 어렵다. 오히려 자신이 아닌 타인에게 큰 공감과 감동을 줄 때가 많다.

반대로, '득'이 되는 글은 그저 내 삶을 위한 것이다. 세상에 뭔가를 주기 위한 것이 아니다. 나도 좀 잘 먹고, 잘살아 보자고 쓰는 글이다. 타인이 어떻게 해석하든 신경 쓰지 않아도 된다. 감성적인 표현을 자제하고, 최대한 객관적으로 적는 것이 좋다. 글쓰기를 통해 자신의 감정과 기분을 토하기 전에 자신을 면밀히 살펴보고 위해주는 당신이 되었으면 좋겠다. 나는 선천적으로 글 쓰는 행위를 좋아했기에 자유로운 삶을 찾을 때까지 멈추지 않고 적어갈 수 있었지만, 평소 글쓰기에 관심 없던 사람으로서는 시간을 들여 적었는데도 성과가 나타나지 않으면, 그만큼 그만둘 명분만 더 생긴다.

당신이 확실하게 그만둘 명분이 생기지 않도록 글쓰기의 재미를 알려주고 싶다. 자유와 안정, 메타인지 이 3가지를 골고루 느끼게 해주고 싶다. 다음 챕터는 메타인지 상승에 큰 요인을 차지하는 주제들을 알려준다. 그리고 그 주제들이 왜 그렇게 큰 영향을 미치는지 공감을 줄 수 있으면 좋겠다. 여전히 나의 이야기를 토대로 정리한다. 내가 풀어간 과정들을 보며, 당신도 당신만의 정리를 이뤄가길 바라면서.

제3장
자유의 천적

자유의 천적들

'자유의 천적'이 뭘까?

지금까지 언급해왔던 자유로움의 반대를 생각하면 된다. 나의 안정을 위협하는 것. '불안'이 곧 자유의 천적이다. 갑자기 '천적'이라는 어감이 뭔가 위협적이고 거대한 존재로 느껴질 텐데, 오히려 그 반대다. 너무 작고 미비해 존재감을 감지할 수 없어서 위험한 것이다. 그것은 우리가 느꼈던 불안한 감정과 생각들이다. 작은 개미가 힘을 뭉치면 자기보다 몇 배는 거대한 곤충들을 집어삼키듯, 마음과 머릿속에 정리되지 않은 불안과 불편이 쌓여갈수록 어느 순간 자신을 집어삼키게 된다. 우울을 겪어본 사람들은 공감할 텐데, 우울은 예고가 없다. 갑자기 찾아온다. 사람들과 있는 자리에서, 혼자 있는 침대에서, 운전하다가, 길을 걷다가 느닷없이 우리의 기분을 휘감는다. 너무나 급격하면서도 자연스러워서 이 우울함이 정확히 어떤 생각에 기저해서 시작되었는지 감지하기 어렵다. 반면, 큰 성취감이나 기쁨은 감지하기가 쉽다. 축구를 하다 골을 넣었을 때, 사람들에게 인정받았을 때, 정상에 올랐을 때, 하던 일이 잘 풀렸을 때 등 분명한 상황과 모습이 존재한다.

그런데 불안은 어떤가? 자신을 가장 불안하게 하는 상황은 무엇인지, 자신을 가장 불안하게 하는 모습은 무엇인지. 확실히 알고 있는 사람이 얼마나 있을까? 많지 않을 것이라 확신한다. 내가 글을 써가며 밝혀낸 이유는 이렇다. '기쁨'이나 '성취' 같은 감정은 대부분 '현재의 모습'에서 느껴지기 때문에 확실히 감지할 수 있지만, '불안'은 '과거의 모습'에서 다가올 때가 많기 때문에 분별하기 어려운 것이다. 이미 내가 통제할 수 있는 시기를 놓쳤기 때문에 그저 기억과 생각만으로는 올바르게 정리할 수 없는 것이다. 그렇기에 천천히 하나씩 끄집어내서 풀어가야 한다. 만약, 불안이 고작 2~3개뿐이었다면 우린 우울하지도, 답답하지도 않았을 것이다. 지금 자신이 자유롭지 않고, 우울할 때가 많다고 느낀다면 당신의 마음속에 정리되지 않은 불안이 너무 많기 때문이다.

불안은 내가 보고 듣고 느끼는 모든 관념 곳곳에 달라붙어 있다. 사랑, 관계, 직장, 친구, 진로, 환경, 가치관, 특정 상황 등 여러 관념 속에 불안은 항상 숨어 있다. 숨어 있다가 주인이 조금만 외로움을 타거나 자책하는 모습을 보이면 일제히 몰려와 스며든다. 이토록 야비한 우울의 특성을 막아내고, 안정과 자유를 누리기 위해선 꼭 글을 써야 한다. 자신이 미비하게 감지했었던 불안한 기억과 경험, 상황들을 정리해나갈수록 우리는 더욱 자유로워질 수 있다. 그 중 반드시 정리해둬야만 자유로워질 수 있는 감정과 관념을 꼽아 설명하겠다.

　누누이 말하지만, 이제부터 배워갈 글쓰기는 오직 '나'를 위한 것이다. 나를 위한 글쓰기인 만큼 상대방의 시선을 의식하지 않는 게 중요하다. 이기적으로 써야 한다. 나만 알아볼 수 있으면 그만이라는 마음가짐으로 쓰길 바란다. 난 모두에게 공유할 수 있는 글도 꽤 써왔지만, 나를 위한 글을 가장 많이 써왔다. 이제 자유와 안정을 찾는 '메타인지 글쓰기' 방법의 순서를 소개하겠다. 중요성을 강조했던 것에 비해 메타인지 글쓰기는 사실 엄청 간단하다.

과거(원인 분석)
현재(나에게 준 교훈, 영향력)
미래(어떻게 적용하고 개선할 것인가?)

　내가 기억하고 있던 크고 작은 사건이나 상황, 생각, 교훈, 가치관, 사상, 관계 등 모두 이 순서를 적용하면 된다. 자신의 머릿속에 미비하게 남아있는 불편하고 불안한 기억들은 지금까지도 내 행동과 태도에 지속적인 영향을 미치고 있다. 앞으로의 선택과 결정에도 큰 변수로 작용하게 된다. 이러한 변수들을 미리 통제할 수 있도록 기억들을 하나하나 끄집어내 과거 〉 현재 〉 미래 순으로 정리해나가면 된다. 이 세 가지 순서를 한 장 안에 다 적어낼수록 정리의 질도 높아진다. 풀어나갈 이야기나 하고 싶은 말이 너무 많은 경우 과거 한 장, 현재 한 장, 미래 한 장 순으로 천천히 적어가도 된다. 언급한 순서를 한 장에 정리해둔 글을 보면서 메타인지 글쓰기 방식을 알아가보자. 밑의 글은 내가 연애를 하면서 느끼게 된 교훈들이다.

    져줄 사람이 필요했던 거야. 그 투정과 불만이 서로에게 정당하지 않다는 걸 알면서도. 모두가 네가 잘못한 거라고 말하는 세상에서. 한 사람 정도는 네가 옳다고. 잘했다고 말해줄 사람이 필요했던 거야. 왜 그때 난 편이 되어 말해주지 못하고 너를 나무라는 사람과 공범자가 되었던 걸까? 아마, 나 또한 져줄 사람이 필요했기 때문이겠지. 나도 어디선가 흠씬 두들겨 맞아 놓고는 너에게만큼은 지고 싶지 않았나 보다. 오히려 너이기에 이기려 들지 말았어야 했는데, 서로 지지 않기에 급급했구나. 왜 지고 싶지 않았는지는 생각도 안 해보고 말이야. 훌륭한 대답은 왜 다 지나고 나서야 떠오르는 걸까? 그 다툼이 소중한 기억이었기에 뒤늦게라도 생각나는 거라 믿고 싶다. (과거)

    지금의 난 덜 이기고, 더 져줄 수 있다. 몹쓸 누군가에게 다치고 온 그 마음을. 속상함을 이젠 알 것 같다. 두 사람이 승자가 되는 모습은 다섯 마디면 충분하다. (현재)맞아. 내 말이. 그 사람이. 전부. 잘못했네. (미래)

    얼핏 보면 그저 지나간 연인에 대한 하소연이나 그리움 같지만, 내가 보기엔 전혀 아니다. 먼저, 첫 단락에는 과거의 원인 분석 이루어진다. 당시의 느꼈던 감정과 교훈을 정리했다. 다음 단락에는 현재 내가 과거로부터 인지한 교훈과 모습이 무엇인지에 대해 정리했다. 마지막 줄은 미래다. 앞으로 똑같은 상황에 어떻게 대응하고 대처할지 적은 것이다. 책을 읽으며 다들 실행하고 개선하는 부분을 어떻게 적어야 할지 고민이 컸을 텐데 저 글처럼 처음에는 너무 구체적으로 적어내지 않아도 된다. 나처럼 1~2줄만으로 결론을 내려도 된다. "고작 1~2줄로 결정 지어도 된다고?" 라고 생각할 수 있겠지만, 고작 저 몇 줄을 적지 않아서 우리는 똑같은 실수를 어김없이 반복하며 자존감이 낮아져 왔다.

반대로, 나는 고작 몇 줄의 결론으로 내가 하겠다고 했던 일들을 순탄하게 지켜내며 갈수록 자존감이 높아지고 있다. 어떻게 실행할지에 대해 깊게 고민하지 않아도 된다. 느끼는 그대로, 자기 뜻대로 적으면 된다. 대충많이 적다 보면 필력은 알아서 높아진다. 시처럼 감성적이고 함축적인 표현은 자제하되 보고서처럼 기승전결이 확실하도록 쓰는 게 좋다. 자신의 끌림대로 정리하고 결론을 내리는 게 가장 중요하다. 한 달 정도 쓰는 행동에 적응이 되고 난 뒤에는 처음과 같은 느낌으로 반복해선 안 되지만, 한 달을 꾸준히 쓰게 되면 자신만의 풀이 과정을 자연스럽게 습득하게 된다.

실제로 난 다음 연애부터는 여자친구의 갑작스러운 다툼과 감정 기복에 대해 현명하게 대처할 수 있게 되었다. 만약, 고작 몇 줄의 정리와 결론도 내리지 않고 또 연애했다면 난 어떻게 되었을까? 장담하건대, 똑같은 갈등을 마주해서 감정과 시간만 낭비하고, 원인조차 분별하지 못하는 내 모습을 보면서 사랑에 대한 회의감만 쌓여갔을 것이다. 지속적인 자존감 하락은 언제나 보너스다.

저 한 장 안에 과거와 현재 미래를 전부 담아내는데 대략 20~30분 정도의 시간이 걸렸던 것 같다. 그 정도 시간 투자로 앞으로의 연애가 훨씬 수

월해진다면 꽤 남는 장사 아닌가? 실수를 통해 배운 교훈을 정리하는 것도 메타인지 글쓰기의 역할이지만, 또 다른 역할은 자신이 저지른 크고 작은 말썽들에 책임을 지는 것이다. 책임을 진다는 게 별다른 게 아니다. 시간을 들여 숙지하고 반성하며 앞으로 어떻게 해야 덜 불안할지 생각해보는 것이다. 메타인지 글쓰기는 그러한 책임 과정을 자연스럽게 적응해나갈 수 있도록 도와준다. 꼭 사랑에만 적용되는 게 아니다. 직장생활, 대인관계, 삶을 살아가는 태도, 자신만의 가치관 등 주제를 바꿔도 얼마든지 적용할 수 있다. 아까의 글은 감성적인 표현이 좀 섞여 있었는데, 이번 글에는 현실적이고 객관적인 글이 더 많다.

(중략) 여러 일터에서 사람들과 대화해보니 '주제 파악'이 생각보다 중요하다는 걸 알게 되었다. 일을 못 하는 사람은 자신이 모든 걸 이해하고 있다고 착각한다. 자신이 소속된 곳에 기여도가 높은 줄 알고, 자신 없이는 그곳이 원만히 돌아가지 않을 거라 판단한다. 자신이 꼭 필요한 존재라고 믿는다. 자신의 영향력을 과대평가한다.

일을 잘하는 사람은 자신이 잘하고 있는지를 늘 의심한다. 소속된 곳에서 자신의 기여도를 확실히 숙지하고 있을 뿐, 절대 높다고 판단치 않고, 자신 없이도 결국 이곳이 돌아간다는 점을 간과하지 않는다. 이들은 자신이 필요하다는 걸 애써 드러내지 않는다. 자신이 필요한 존재인지를 늘 고민해볼 뿐이다. 그 점에만 집중하니 결국 필요한 존재가 되어갈 수밖에 없었던 것 같다. 회사에서 기여도가 높고 필요한 사람들은 오히려 자신의 영향력을 과소평가한다. 매사에 겸손하다. 일을 못 하는 사람은 자신이 한 일들에 대해 언제나 인정받길 원하고, 마땅한 대우를 요구한다. 일 잘하는 사람은 다음 일을 더 효율적으로 수행할 수 있는 소통을 원하고, 뜻대로 역량을 펼칠 무대와 환경을 요구한다. 주제 파악하는 법을 늘 연습해두어야겠다. 올바른 주제 파악은 자신이 웅크리고 성장할 시기와 일어나 치고 나갈 시기를 명료하게 분별해준다.

난 아직 내 주제에 대해 파악할 위치도 아니니까. 바짝 웅크린 채 주어진 일들에 집중해야겠다. 치고 나갈 시기는 아직 모르겠으니 웅크리는 방법이라도 잘 다듬어두자.

이번엔 내가 20대 중반 동안 일해 오면서 느꼈던 직장생활 속 주제 파악에 대한 글이다. 과거, 현재, 미래를 정리해보자면 8~9줄까지는 과거의 기억들을 느끼고 배운 것들을 적었다. 그 뒤로는 현재 내가 깨달은 것을 미래에 어떻게 적용해 나갈지에 대해 적었다. 난 이렇게 정리해둔 뒤로 직장에서 발생할 여러 실수와 마찰을 미리 방지할 수 있었다. 사람 마음이 참 간사해서 처음 일을 배울 때는 겸손으로 꽁꽁 무장해 잘 적응하다가도 조금만 실력과 성과가 올라가면 교만함이 생겨 나를 성장시켜준 터를 지적하며 비꼬게 된다. 그 터를 나갈 배짱은 없으면서 말이다.

과거의 내가 그랬다. 내 주제를 모르고 함부로 입을 놀리다 낭패를 봤던 적이 수없이 많았다. 앞에 적어둔 몇 글자 덕분에 난 나의 간사함을 통제할 수 있게 되었다. 누가 적어둔 것을 단순히 보고 읽는 것과 자기 생각을 직접 써가며 돌아보는 것은 아주 큰 차이가 있다. 어떤 교훈을 '해야지' 하고 생각만 하면 그것은 아직 실행한 것도 적용된 것도 아니다. 하지만, 느꼈던 교훈을 적어내는 순간, 이미 자신은 조금이라도 실행하고 적용 중인 것이다. 실제로 나에게 적용되고 개선되었던 사례들을 좀 더 살펴보면서 메타인지 글쓰기의 위력과 다양성을 실감 해보자.

비겁

　군대에서 전역한 나는 아버지, 어머니와 함께 '서울 국립 재활원'에 가게 되었다. 아버지처럼 사고나 지병으로 신경에 영구 손상을 입은 사람들이 모이는 곳이다. 그곳에는 출중한 재활 치료사와 최신식 기구들이 한데 모여 있어서 재활이 시급한 환자들은 필히 거쳐 가는 곳이다. 딱 3달 만 입원이 가능하다. 사고로 일상을 잃은 모든 환자가 그 혜택을 나눌 수 있어야 하기 때문이다. 재활원에선 환자를 보호하는 한 사람만 취침할 수 있었기에 어머니는 아버지 옆에서 밤을 지새웠다. 난 병원 근처에 작은 원룸을 잡았다. 이른 아침이 되면 아버지의 재활을 돕기 위해 센터로 나섰다. 밤새 고생한 어머니가 아침에는 쉬는 시간을 가져야 했다. 해가 뜨고, 해가 질 때까지 아버지를 보조하고 간호하다 밤이 되면 돌아갔다. 전역 후에 당장 원하는 길을 갈 수 없어도 난 불평할 자격이 없었다. 아버지의 호전과 더불어 난 나를 갱생시켜야만 했다. 군인 시절의 난 인간쓰레기였다. 이등병이었을 때는 선임들의 언질을 버티지 못해 투서를 넣어 관심 병사가 되었고, PX병이 되었다. 여건이 좋아졌음에도 PX의 물건과 음식을 횡령하다 발각돼 영창 처벌을 받고 다른 부대로 전출되었다. 어리석다 못해 부패한 나였다. 이렇게 비겁하고 병신같은 나를. 쓰레기보다 못한 나를 갱생하고픈 마음도 함께였다. 아버지의 재활을 도우며 방도 없는 나를 통제하고 구제할 수 있으리라 생각했다. 그럴 수 있을 거라 믿었다.

이것은 한 '인간쓰레기'가 자신의 '비겁함'에 대해 풀어낸 글이다. 글에서 보다시피 나의 아버지는 교통사고로 신경이 모두 끊어져 정상적인 생활이 불가능하게 되었다. 우리 가족의 안전은 순식간에 무너졌다. 어머니는 아버지를 간호하기 위해 잘 다니던 직장도 그만둬야 했다. 안락한 집을 두고서 쓰러진 아버지를 지키기 위해 병원에서 옆자리를 자처했다. 팔다리를 잔뜩 움츠려야 누울 수 있는 좁아터진 보조 침대에서 지독한 약 냄새와 고통에 빠진 아버지의 신음을 들으며 밤을 지새우셨다. 고등학교를 졸업하자마자 집을 떠났던 동생도 한 달 만에 돌아와 어머니를 도왔다. 가족들이 엄청난 고난을 겪고 있는 이 상황에 난 군 생활이 힘들다는 이유로 투서를 넣어 관심 병사로 배정받아 PX병이 되었다. 그러나 여기서마저 정신을 못 차리고 PX의 물품을 횡령해 영창이란 징계를 받고 부대에서 쫓겨났다. 안 그래도 힘들어 쓰러져가는 가족들에게 심각한 걱정을 끼쳤다. 이뿐만이 아니다! 내가 횡령한 물품들의 값마저 어머니가 대신 지불하게 만들었다.

잠시 사적인 감정에서 벗어나 과거의 어리석음을 굳이 꺼내든 두 가지 이유를 말하겠다. 첫째, 저 쓰레기만도 못한 인간이 글을 통해서 자유와 안정, 근성을 갖춰갔던 과정을 설명하기 위해서다. 둘째, 자유를 해치는 가장 강력한 감정이 '비겁' 이기 때문이다. 당장 나처럼 거대한 잘못이나 어리석음을 기억해내 적지 않아도 된다. 올해 공부하기로 다짐해놓고 친구들과 놀러 갔던 기억이나, 운동하기로 해놓고 잠들어 버렸다거나, 다이어트를 하기로 해놓고 치킨을 먹었던 기억 등 소소한 결심들을 행동으로 옮기지 못했던 이유와 심정에 대해 적어보는 것이다. 우리의 비겁함은 어떻게 생성될까? 한 친구가 다이어트를 위해 운동과 식단을 병행하겠다고 결심했지만, 게임만 잔뜩 하고서 잠들어 버렸다. 여기까진 비겁한 게 아니다. 그저 잠시 실패한 것이고, 다음 날 다시 도전할 수 있으니 말이다. 그런데 이 친구는 다음 날 운동을 하지 못했던 자신을 돌아보며 이렇게 말한다.

"역시 운동과 식단은 나랑 안 맞아. 몸이 편하기 이전에 마음이 편해야지~"

이런 식으로 다시 도전할 기회마저 스스로 박탈해 버린다. 도전한 방식이 자신과 맞지 않는 건 사실이다. 그럼 맞는 방식을 또 찾아야 할 것 아닌가? 저런 말들을 보통 뭐라고 하는가? '변명'과 '핑계' 라고들 얘기한다. 그리고 그 변명과 핑계가 자신의 행동에 고스란히 적용되었을 때 '하나의 비겁함' 이 탄생하는 것이다. 비겁은 한 곳에만 깃들어 있는 게 아니다. 내가 실행해내지 못하는 곳곳에 숨어있다. 운동에 대한 비겁, 공부에 대한 비겁, 돈에 대한 비겁, 식욕에 대한 비겁 등 다양하게 자리하고 있다. 내 안의 비겁을 정리해두지 않을수록 비겁은 영역을 늘려 내가 해낼 수 있는 수많은 일에 '하지 않아도 될 동기'를 끊임없이 만들어낸다. 이후엔 비겁함이 너무 단단해져 실행할 엄두도 내지 못하게 된다. 나는 어떤 순간에 비겁했을까? 당연히 이유는 한두 가지가 아닐 것이다. 당장 오늘 실행하지 못했던 일들에 대해서 천천히 적어보길 바란다. 하지 못했던 변명이나 핑계를 적어선 안 된다.

'왜' 실행하지 못했는지, '왜' 적응하지 못했는지를 사실 그대로 정확하게 적는 것이다. 비겁이 정말 무서운 이유는 적어가는 그 순간에도 자신을 옹호하고, 방어하게 만든다는 점이다. 자신의 비겁함을 가장 예리하게 꿰뚫어 보는 건 타인이지만, 자신의 비겁함을 가장 관대하게 보는 건 자기 자신이다. 이 점을 항상 유념하면서 어리석은 자신의 과거를 객관적으로 냉정히 적어야 한다. 엄격한 타인이 되어 나를 바라봐야 한다. 다음 예시를 살펴보자.

(중략) 난 결국 무료함을 이기지 못했다. 서울에 거주하는 군대 동기들과 새벽까지 술을 마시고 잠드는 날이 많아졌다. 피로에 찌든 채 병원에 가는 일이 많아졌고, 지각은 일상이 되어 예약된 작업 치료가 취소되는 일도 허다했다. 내가 감내하기로 약속했던 아버지의 재활은 갈수록 수행력이 떨어졌고 싸우는 일도 많아졌다. 내가 밤새 딴 짓이나 하고 왔다는 걸 아버지는 대번에 알아차렸다. 그딴 식으로 할 거면 꺼지라고 말씀하셨다.

충분히 맞는 말임에도 난 도리어 화를 내며 소리쳤다. 누구 때문에 와있는 건데, 내가 가장 억울한 사람인데도 희생하고 있다며 내 비겁함을 포장하려 악을 썼다. 다른 환자들과 사람들이 보고 있는 와중에도 아버지를 나무라고 지적했다. 나는 폭행 없이 패륜을 저질렀다. 사람들이 많은 자리일수록 아버지는 나의 비겁함을 끄집어내 모욕시켰다. 그럴수록 난 더 소리를 지르며 발악했다. 욕을 섞지 않는 선에서 뱉어낼 수 있는 최대의 모욕을 아버지에게 퍼부었다. 이미 몸을 다쳐 움직일 수 없는 아버지의 마음에 피를 쏟게 했다. 난 과거로부터 달라진 게 하나도 없었다. 오히려 더 비겁하고 게으른 인간이 되어가고 있었다. 돌이켜보면 나 자신이 한심하고 쪽팔려서 버티지 못해 꿈틀거렸던 것 같다. 그 말이 맞아도 너무 맞는 말이라서, 끔찍하게 옳아서 아팠던 것 같다. 그 아픔을 수긍할 수 있을 만큼 난 강하지 못했던 것 같다....(중략)

비겁함은 자유와 안정을 해치는 가장 강력한 감정이기에 위의 글처럼 과거만으로 1장 크게 풀어쓰는 것을 추천한다. 풀어쓰기가 너무 방대하다면 더 나누어서 적어도 된다. 이후에 어떻게 개선할지에 대해 과거 〉 현재 〉 미래 순으로 다시 적어봐도 늦지 않다. 혹시, 저 글에서 어떤 변명이나 핑계가 느껴지는가? 경솔했던 행동에 대한 솔직한 묘사와 어리석은 행동들이 도대체 '왜' 나오게 되었는지에 대한 탐구만이 그대로 적혀 있다. 이게 바로 비겁함을 솔직하게 적었기에 내가 얻어간 부분들이다. 해내지 못했던 것에 대한 이유를 '변명과 핑계'로 인식하고 있으면 절대 개선이 이뤄질 수 없다. 하지 않아야 할 이유가 차고 넘치기 때문이다. 개선할 이유가 점점 없어지게 된다. 내가 해내지 못한 이유를 '정확한 사실 그대로' 받아들여야 개선의 방향으로 사고할 수 있게 된다. 당장은 아니더라도 살아가면서 나를 개선하게 만들 이유와 동기를 점점 찾게 되는 것이다.

자신의 결심이 외부적 요인들로 인해 저지되고 무너질 때가 더러 있다. 아버지가 불의의 사고로 사지마비가 되어 개인의 시간이 줄어들고 통제되어야만 했던 나 같은 사례가 대표적일 것이다. 하지만, 그런 외부적 요인이 일어나도 적응하고 대응해야만 하는 건 자신이다. 글을 통해 비겁을 하나하나 적어가다 보면 외부적 요인을 '수용하고 대응하는 자신의 모습'을 성찰할 수 있게 된다. 그 과정에 끼어든 변명과 핑계를 싹 인지하고 씻어내야 현 상황에 맞는 올바른 과정을 선택할 수 있게 된다. 실제로 난 100킬로그램에 육박한 아버지를 재활하면서도 글을 적어간 덕분에 과거보다 더 즐겁고 당당한 일상과 건강을 얻게 되었다. 관계와 사랑도 모두 안정적으로 풀어나가고 있다. 건강을 잃은 아버지를 보고서야 뒤늦게 깨달은 내가 지금도 한심하고 혐오스럽지만, 그렇기에 난 더욱 열심히, 아낌없이 살아야 한다.

자신의 비겁함을 정리한다고 해서 여러 방면으로 실행력이 순식간에 올라가는 것은 아니다. 여러 방면 중 발전과 성장을 거듭해나갈 분야와 순서가 명료해지는 것이다. 내가 반드시 챙겨갈 능력과 기술을 선별하고, 지금 당장 실행할 수 없는 부분에 대해선 '변명과 핑계'가 아닌 '명확한 근거와 사실'을 토대로 정리해두는 것이다.

예를 들어 나는 하루 8시간 일과를 보내면서 운동과 유튜브 제작, 글쓰기는 꼭 병행하지만, 공부와 재테크에는 소홀한 편이다. 이렇듯, 내가 소홀해진 부분에 대해 '공부는 암만 해봤자 실전에 적용되지 않으면 쓸모가 없어', '돈을 너무 밝히면 인간미가 떨어져' 와 같은 '변명'으로 인식해 멀리하는 것이 아니다. 교육이나 돈 보다 중요하다고 느끼는 것이 많기 때문이다. 공부와 재테크를 포기한 게 아니다.

'공부와 재테크도 정말 중요하지만, 지금은 열의가 있는 글쓰기와 유튜브에 더 집중해야 성과를 끌어낼 수 있어. 하루의 시간은 한정적이야. 모든 과정은 일과가 끝나고 시작되니까 피로를 이겨내기 위해선 체력이 필수야. 운동은 무조건해야만 해. 글쓰기와 유튜브의 성과가 내가 생각한 임계점을 넘으면 그땐 공부와 재테크에도 집중하자. 특히, 재테크는 반드시 배워둬야 해. 안 배워둘수록 손해야.'

글쓰기로 비겁함을 정리해둘수록 머릿속에선 핑계와 변명 대신 구체적인 근거에 따른 결정이 빠르게 이뤄질 수 있다. 머릿속이 어떻게 실행할지를 위해서만 돌아가는 것이다. 자신의 비겁함이 정리되지 않을수록 소홀하게 넘겼던 부분에 대해 구체적이고 명확한 근거를 생각하는 게 아니라 변명과 핑계에 의존해 결정을 내리게 된다.

비겁함은 방치할수록 넓고 깊게 영역을 확장한다. 사람이 자유와 안정을 얻기 위해선 신체적으로, 사회적으로, 경제적으로 어느 한쪽이든, 조금씩이라도 성장하고 발전하며 나아져야 한다. 그것이 당연한 순리라고 본다. 나아지지 않는 자신을 보면서, 도태되어 가는 자신을 보면서 안정과 자유를 느끼는 사람은 세상에 없다. 있다면, 그건 변명과 핑계에 의존해 잠시 누리는 '일시적인 안정'이라고 본다. 그래, 일시적인 자유와 안정은 누구나 누릴 수 있다. 매우 쉽다. 하지만, 내가 이 책으로 주고 싶은 건 '장기적인 자유와 안정'이다. 영원한 자유와 안정에는 실행과 성찰이라는 연료가 필요하다. 이 연료에 기름을 칠하고, 기능을 보존하는 재료가 바로 '글쓰기'인 것이다. 어렵게 생각하지 말자. 내가 '왜' 실행하지 못했는지, '왜' 자신과의 약속을 져버렸는지 그 이유에 대해 있는 그대로 꾸미지 않고 적어가기만 하면 된다.

진실

메타인지 글쓰기를 하면서 유념할 부분은 '진실'이다. 특히, 자신이 경험했던 상황이나 입장, 관계도를 적을 때 솔직하게 쓰는 게 중요하다. 느낌이 가는 대로, 감성이 꽂히는 대로 적어도 큰 상관은 없지만, 이왕 쓰는 거취지에 맞게끔 적절하게 적을 수 있다면 좋지 않은가? 메타인지 글쓰기에서 '진실'이 중요한 이유는 '순간의 진심'을 적으려다 '과대포장'과 '허위허세'가 묻어날 수 있기 때문이다. 우리는 일상 속 대화에서도 과장과 허위를 교묘하게 사용할 때가 있다. 하던 일에 작은 성과가 생겼을 뿐인데, 지인들에겐 큰 성과가 생겨 좋은 기회로 이어질 수 있다며 자신의 노력을 포장하곤 한다. 남들도 조금만 노력하면 할 수 있는 일이지만, 그걸 내가 해냈을 땐 의미가 더욱 특별해진다. 이러니 글을 쓸 때도 자신에 대한 관대함이 묻어날 수밖에 없다. 그 특별한 기분을 있는 그대로 누리되 포장하거나 꾸며낼 일이 없도록 자신을 객관적으로 다스리는 작업을 하는 것이다. 우리는 진심을 전하려다 '진실'을 왜곡할 때가 종종 있으니까.

순간의 감정이나 진심에 쉽게 공감할 수 있는 글일수록 우리는 '좋은 글'이라고 인식하고 있다. 근데, 진심에 치우쳐 계속 풀어쓰다 보면 어느 순간 풀어쓰는 게 아닌 '푸념'을 하게 된다. 자신이 어떤 상황이나 사람으로 인해 혼란을 겪고, 큰 상처를 받았다면 다시는 그런 아픔을 느끼지 않기 위해 개선점을 찾아야 하는데, 자신이 받았던 상처와 피해에만 몰입하게 되는 것이다. 메타인지 글쓰기는 과거 〉 현재 〉 미래 순으로 원인을 분석해 현실에 미치는 자신의 상태를 정리한다. 정리한 상태를 토대로 앞으로 어떻게 대처해가고 실행할지 다짐해두는 방식이다. 이러한 과정을 거치지 않고 오직 풀어쓰기만 반복하면 과거의 기억에만 매몰되어 현재 상황을 분별하기 어려워진다. 극복할 방법은 찾지 않게 되는 것이다.

예를 들어 친구와 갈등이 생겨 서운함이 생겼다. 집에서 일기를 적는데 둘 사이에 상황과 입장을 쏙 빼놓고 자신의 서운함과 울분에만 치중해 글을 쓰는 것이다. 이러한 방식의 글쓰기는 서로의 관계를 성찰하지 못하게 만든다. 혼자만 이해하고 납득할 수 있는 합리점을 계속 만들어내게 된다. 관계로부터 소통의 여지가 아닌 단절의 명분을 불러오게 된다.

또 다른 예로 가사를 직접 적어 노래해야만 하는 래퍼 중 유독 자신의 삶에서 비관적인 부분만 노래로 만드는 래퍼들이 있다. 수용소에 잡혀가 인권이나 자유가 완전히 박탈당한 것도 아닌데, 사회와 관계에 적응하지 못한 자신을 세상에서 가장 불행한 인간으로 묘사한다. 그러한 래퍼들은 대체로 우울증과 공황장애에서 헤어나오지 못하고 있다. 글을 가까이하는데도 여전히 괴로워하는 그들을 지적하는 게 아니다. 순간의 진심에만 기울어진 글을 쓰다 보면 자신도 모르게 자신을 고립시킬 수 있다는 걸 말해주고 싶을 뿐이다. 이 책을 읽은 당신이 과거의 상처로 괴롭지 않길 바란다. 더 나아지길 원한다. 더 나아가길 원한다.

많은 사람들이 편하게 읽을 수 있는 에세이와 같은 풀어쓰기가 꼭 안정감만 주는 건 아니다. 풀어쓰기는 일시적인 안정을 주는데 탁월하지만, 장기적 안정을 주기엔 어렵다고 본다. 사람들은 일시적인 안정에 만족하려 한다. 그보다 크고 오래가는 안정을 원하지 않는다. 다들 원하고는 있지만, 방법을 모르니 섣불리 시도하지 않는 것 같다. 풀어쓰기를 통한 일시적 안정이 무서운 이유는 그 뒤에 마땅한 해결점이 없기 때문이다. 글쓰기를 하거나 글을 읽어서 위안을 얻었지만, 자신의 판단력이나 대처력은 이전과 달라진 것이 없다. 이러한 상태에서 자신을 좌절하게 했던 상황이나 감정을 또 마주한다면 이전보다 거대한 좌절을 맛봐야만 한다. 감당할 수 없고, 저항할 수 없는 상황은 사람을 극도로 불안하게 만들고, 무력하게 만든다. 이를 방지하기 위해선 풀어쓴 내용의 뒤에 메타인지 글쓰기가 꼭 덧대어져야 한다. 과거 〉 현재 〉 '미래' 가 반드시 적용되어야 한다.

소설이나 시, 가사, 일상의 순간을 적을 때는 감성과 진심의 비중이 커도 무방하다. 다만, 내 삶을 개선시키고, 장기적인 자유와 안정을 얻기 위해선 진심보다는 '진실'이 더 필요하다는 점을 강조해두겠다. 자유로워지고 싶다면, 진심으로 적지 말고 진실로 적어라. 솔직하게 있는 그대로 쓸수록 자신에게 맞는 올바른 개선점을 집어낼 수 있다. 밑의 글은 내가 겪어온 상황을 토대로 내게 가장 어울리는 방식을 찾아낸 글이다.

과거의 내 모습이 미워서 나를 변하게 해줄 뭔가를 찾아 닥치는 대로 경험했다. 그러다 문득 한 가지를 깨닫게 되었다. 난 뭘 해도 안 된다는 것이다. 허구한 날 여러 재주를 건드려 봤는데, 특출나게 재능이 있거나 엄청난 욕심이 생기지도 않았다. 학습 능력과 이해력도 느려서 무엇 하나 빠르게 적응해가는 꼴을 못 봤다. 모든 것이 뚜렷한 업적 없이 흐지부지하게 끝났다. 뭘 해도 안 되는 것이다. 그런데, 그 사실을 있는 그대로 받아들였을 때 오히려 실력이 좋아졌었다. 내가 뭘 해도 안 된다는 것을 알고서 선택에 대한 대가를 온전히 내려놓았을 때 작은 보상과 성취에도 큰 감동을 얻을 수 있게 되었다. 혹여나 진행하던 일을 해내지 못하거나 실패해도 전혀 실망하지 않게 되었다. 난 원래 안 될 놈인 걸 알고 있으니까. 괜찮았다. 안 될 놈에게 실패나 실수 같은 건 너무나 당연하니까. 번복의 순간들은 내 자존감을 해칠 수 없게 되었다. 또 기죽을 일이 없어지니 언제든 다시 시작할 수 있게 되었다. 효율이나 행운 따위는 내게 어울리지 않는다. 찾아온다면 그 또한 큰 감동일 뿐이다. 뭘 해도 안 되던 놈이 오늘 하루 해야 할 일을 해냈다면 그것이야말로 '진정한 성공'이다! 뭘 해도 안 되는 놈은 오늘도 일기를 적어 성공하고야 말았다. 이런 내 태도는 장기간 변할 일이 없을 듯하다. (중략)

이 글에서 어떠한 과장이나 왜곡이 느껴지는가? 있다 해도 굉장히 미비할 것이다. 분명 저 글에는 여러 가지 일들을 경험하며 느꼈던 진심이 담겼지만, 그 진심에 과장이나 왜곡은 없다고 본다. 진실에 치중해 적었기 때문이다. 그렇다. 진실하게 적을수록 오히려 과하지 않은 자연스럽고 순수한 진심이 나오게 된다. 반대로, 진심에 무게를 둘수록 진실은 가벼워지게 된다. 만약, 뭘 해도 안 되었던 저 순간을 진심만 담아서 계속 적어갔다면, 개선점을 찾아내기보다 그 순간에 대한 괴로움만 표출하는 것으로 끝났을 것이다. 내 모습과 노력을 알아주지 않는 사회와 사람들을 탓하며 부정적으로 적어갔을지도 모른다. 삶을 마주하는 태도를 진실로 정리해둔 덕에 내게 꼭 맞는 '마음가짐'을 찾을 수 있게 된 것이다.

저 글을 적은 이후로 내 실행력은 수직상승을 하게 된다. 계획 능력과 성과도 함께 수직상승 하면 좋겠지만, 난 그런 걸 바라지 않는다. 이대로 죽을 때까지 열심히 살다가 대박이 터지는 구간들은 땡큐인 것이다. 그뿐이다. 이 마음가짐이 나를 움직이게 하는 최고의 선택이란 걸 난 이제 알고 있다. 몰랐다면 또 마음가짐을 이랬다저랬다 바꿔가며 얼마나 많은 시간과 감정을 낭비했을까? 낭비가 심해지면서 나아갈 의지마저 꺾였을지도 모른다.

세상에 수많은 사람이 오늘 결심한 일을 내일로 미루며 살아간다. 나무랄 수 없는 게 세상은 오늘 할 일을 내일로 미루게 할 만큼 매일매일 우리를 지치게 한다. 그러한 순환 속에서 내가 해야만 하는 정확한 이유와 해낼 수 있다는 강력한 확신이 없으니 미뤄야 할 이유만 충만해져 간다. 지금부터 그 이유와 확신을 하나둘 알아 가보자. 운전도 처음에야 어렵지 적응하고 나면, 이동의 자유를 체감하면서 이 좋은 걸 여태 왜 안 하고 살았지? 하며 돌아보게 되는 것처럼. 메타인지 글쓰기도 적응하고 나면 이 마음의 안정을 여태 왜 안 누리고 살았지? 하며 돌아보게 될 것이다. 여기까지 읽어왔던 게 많다고 어렵게 느끼지 말자. 한 줄로 요약할 수 있지 않은가? 진심을 쓰지 말고, 진실만 쓰자.

관계

관계에도 관리와 정리가 필요하다. 관계 또한 메타인지 글쓰기에서 놓칠 수 없는 부분이다. 집에서 모든 일과를 보내지 않는 이상, 우리는 아침에 일어나 출근하고 퇴근할 때까지 관계의 연속이다. 주말은 친한 친구나 지인을 만나 관계의 밀도는 더욱 높아진다. 밀도가 높은 관계는 관리가 허술할수록 작은 갈등이나 실망에도 마음이 크게 상하고 신뢰도 급격히 떨어진다. 서비스와 밀접한 교육, 지도, 안내와 같은 업무는 업태의 특성상 매일 새로운 관계를 마주해야만 한다. 특히, 만남은 위험만큼이나 급작스럽게 발생할 때가 많다. 이렇듯, 관계의 얄미운 특성에 내가 곤란해지거나 다치지 않으려면, 여러 관계와 상황에 대한 내 태도와 마음가짐을 명확하게 정리해둘 필요가 있다.

생각만으로는 안 된다. 어렵다. 위험하다. 다음엔 절대 속지 않으리라 결심해놓고, 다음에 더 큰 뒤통수를 맞는 사람들이 허다하다. 다음엔 이런 식으로 연애하지 않으리라 결심해놓고 똑같은 연애로 상처받는 남녀가 허다하다. 모두 생각과 경험만을 믿었기 때문이다. 개인적인 견해로 생각과 경험은 믿을 게 못 된다. 모든 생각과 경험은 글을 통해 정리가 이루어졌을 때 진정한 효과를 불러온다고 본다. 관계의 경험으로 얻은 교훈을 글로 써서 정리해두어야 똑같은 상황이 와도 내게 더 적절한 선택과 표현을 할 수 있다. 다음 예시는 우리 일상에서 흔하게 발생하는 '거절해야만 하는 상황'에 대한 내 입장을 정리해둔 글이다.

거절은 피곤하다. 흡수하고 받아들이는 것이 아닌 밀어내어 보내는 일이다. 상대방이 요구하는 사연과 시간, 돈, 이입된 감정에 따라 거절에 들여야 할 고민의 너비와 길이도 천차만별이다. 너무 단칼에 밀어내기엔 상대방에게 상처와 오해를 줄 것 같고, 너무 약하면 일말의 여지가 생겨 불리하고 불편한 요구를 다시 불러오게 된다. 싫다. 좋다. 라는 두 글자를 뱉지 않기 위해 원치 않는 에너지와 시간을 들여야 한다. 마땅한 거절 답변이 떠오르지 않으면 고민이 곧 괴로움이 되고, 요구와는 상관없는 대화로 늘어지면서 스트레스도 늘어간다.

그래서 내 머릿속을 어지럽히고 괴롭히는 순간, 난 단순함에 초점을 맞춘다. 지금 이 요구가 나에게 해로운 것인가 아닌가. 해롭다면 무조건 밀쳐낸다. 설사 그것이 의도치 않은 오해를 만들고 내 이미지를 깎더라도 나를 다치면서까지 배려하지 않아도 된다. 오히려 상대가 내게 해를 입히는 요구를 건넨 것이다. 거절을 고민해 볼 필요는 있지만, 그 고민으로 인해 내가 괴로워지는 건 사양이다. 상대의 부탁을 배려하느라 내 마음이 힘들다면, 그건 상대가 먼저 해로운 요구와 부탁을 던졌기 때문이다. 미안해 말고, 정중하고 당당하게 거절하자.

다들 친구나 직장 동료의 부탁에 난처했던 적은 없는가? 원치 않았던 시간과 감정을 낭비했던 적은 없는가? 분명 있었을 것이다. 누군가는 꽤 많았을 것이다. 거절은 우리의 관계에서 흔하게 발생하는 상황 중 하나다. 난 글을 적어서 거절해야 할 상황이 발생하면 어떻게 대처할지 기준점을 명확히 정리해두었다. 덕분에 거절할 상황이 발생해도 스트레스를 전혀 받지 않는다. 물론, 내 거절에 상처를 받거나 실망한 사람도 있겠지만, 그 사람 또한 내가 수용할 수 있는 기준점을 침범해 나를 괴롭힌 것이기에 죄책감도 훨씬 덜하다. 당당하게 거절할 명분이 생기는 것이다.

거절 또한 자기 안에 확신이 있어야 뒤끝 없이 깔끔하게 마무리할 수 있다. 정리해둘 관계가 어디 하나만 있겠는가? 관계에는 사람마다 거리가 있다. 그 거리에 따라 내가 건네는 배려의 크기와 깊이도 달라진다. 받아줄 수 있는 말과 행동도 다르다. 거리가 먼 사람이라면 모르겠지만, 매일 마주해야만 하는 직장 동료나 가족, 연인 등 지극히 가까운 사람들은 반드시 관계를 정리해둘 필요가 있다. 너무나 가까웠기에 성찰하지 못했던 그 좁은 틈 사이엔 우리가 놓쳐왔던 의미와 교훈이 무궁무진하다. 심지어 하나를 정리하려다 두 개의 능력을 얻어갈 때도 있다.

아버지는 가부장적이셨다. 본인의 뜻대로 가정의 분위기를 주도하길 원했고, 자신의 사상과 어긋나는 모습을 보면 폭력을 동반한 각종 체벌이 뒤따르곤 했다. 우리들의 시간과 행동을 강제적으로 통제했다. 항상 제시간에 일어나고, 제시간에 집에 들어와야 했다. 그렇지 않으면 더욱 괴로운 폭력과 체벌이 이어진다. 그 부당한 시기로 인해 청소년기의 내 인격과 자존감은 바닥을 기어 다녔다. 집도 싫고, 학교도 싫어서 언제나 고개를 숙이고 다녔다. 아버지의 나이를 따라가고 있는 지금, 아버지는 어쩌다 그런 불합리한 행동들을 강요하게 되었는지 종종 곱씹어보고 있다.

일단 나의 친할아버지가 떠오른다. 내가 기억하는 친할아버지는 가장으로서 의무를 저버린 사람이었다. 자신이 배가 고픈데 밥을 차리지 않았다는 이유로 손주와 아내에게 폭력을 일삼던 사람이었다. 깨진 바가지로 친할머니의 머리를 치던 모습이 아직도 선명하다. 할아버지는 사업 실패로 집안이 어려워졌고, 막내였던 우리 아버지는 어렸을 때부터 친척에게 맡겨지게 된다. 암울한 집안 상황으로 부모와 멀어진 아버지는 늘 엄마와 아빠를 그리워했다. 그래서 3시간이 넘는 거리를 매일 걸어서 본집과 친척 집을 오가곤 했다. 그렇게 걸어갔음에도 얼굴 한 번 보지 못하고 돌아가는 일이 허다했다. 늘 가족이 그리웠지만, 함께 살아갈 수 없었던 환경, 극도의 애정 결핍, 무능력하고 무책임해도 남자라는 이유만으로 하늘이 될 수 있었던 불평등한 시기. 자신의 아버지를 통해 어리석음의 절정을 보며 자라온 아버지. 올바름이 무엇인지 모르고 자라온 나의 아버지. 그런 굴곡을 넘어온 아버지에게 따뜻한 가장의 모습을 바라는 것은 무리일지도 모른다.

누군가는 그 모습을 보면서 깊은 성찰과 노력 끝에 정반대의 삶을 살아가기도 한다. 애석하게도 그건 소수다. 폭력 속에서 자라온 대부분은 똑같은 폭력을 반복하게 된다. 아버지 또한 아버지에게 보고 배워온 것이 그뿐이라. 본인의 기준에서 어떻게든 가정을 통솔하여 끝까지 지켜내고 싶었을 뿐이다. 가정적인 의무는 다소 미흡했지만, 경제적 의무에 있어선 나도 불만이 없다. 그게 어디인가? 이해 불가능한 아버지의 이면을 알았다고 해서 아버지를 완벽히 이해하는 것은 아니다. 이해해서도 안 될 부분이다. 다만, 앞으로 마주할 아버지의 모습에서 의미 없는 오해가 일어나지 않도록 빠르게 대처할 수 있을 것 같다.

아버지처럼 가까운 지인들도 이해 불가능한 모습을 보일 때가 있다. 그러면 난 이해하려고 노력하지 않는다. 그저 그 모습 뒤에 숨겨진 이면을 짐작해보곤 한다. 이유 없이 누군가를 불편하게 만드는 사람은 많지 않다. 다 상처를 줘야만 했던 자기 나름의 정당한 결핍과 이면이 숨겨져 있었다. 그들을 다 이해할 필요는 없지만, 우리 또한 드러내고 싶지 않은 이면으로 누군가에게 이해 불가능한 모습으로 상처를 주고 있다는 걸 잊지 않아야겠다.

윗글은 아버지와 내가 주고받은 영향에 대해 고찰하며 정리해본 글이다. 가까운 사이일수록 풀어내 정리할 구간이 많아지고, 얻어가는 교훈과 보람도 넓어진다. 내가 얻은 것들은 무엇일까? 일단 아버지처럼 가정적인 과오를 저지르지 않을 것이다. 왜 그런 행동이 일어나는지 이유를 찾아 정확하게 인지해버렸으니 말이다. 다음으론 아버지처럼 이해하기 어려운 사람들의 결핍과 이면들을 예리하게 추측할 수 있게 되었다. 예측해두면 대부분 들어맞았다. 덕분에 불편한 행동을 봐도 그걸 보면서 스트레스를 받거나 감정적으로 예민해질 일이 없어졌다. 왜 저러는지 대강 알 것 같기 때문이다. 대다수 사람이 과오를 반복하거나 불편을 끼치는 이유는 그 행동이 어디에서 기저해 일어나는지 모르기 때문이다.

결핍을 단번에 추측해낸 여러 사례 중 흥미로운 사연을 말해보겠다. 과거에 소속했었던 협회에서 정치질을 통해 자꾸 편 가르기를 하는 사람이 있었다. 보통 새로운 신입이 들어오면 신입이 현장 분위기와 사람들에게 천천히 적응해갈 수 있도록 시간과 여지를 주어야 한다고 본다. 근데, 이 사람은 신입이 들어올 때마다 가까이 접근해 집단에 미치는 자신의 역량과 역할을 자연스레 과시했다. 자신이 싫어하는 사람, 경계하는 사람을 대화 중에 은근히 집어넣어 신입이 이곳에서 자신과 똑같은 가치관을 지니도록 유도했다.

거기다 회식 자리가 생기면 여러 명이 있는 자리에 본인이 싫어하는 사람의 이름과 단점을 넌지시 화두로 던져 뒷담이 발생할 수밖에 없는 상황을 만들었다. 집단 내에서 편이 만들어지는 건 당연한 일이지만, 한 사람의 통제 속에서 편이 편을 만들고 헐뜯는 예민한 기류가 흐르게 된 것이다. 사람들이 알아서 집단과 타인에 대해 판단할 수 있도록 주관적인 시간을 줘야 하는데, 왜 그 사람은 그걸 참지 못하고 정치질을 했을까? 참 이해 불가능하고 보기 싫은 모습이었지만, 난 그 사람의 행동 뒤에 숨겨진 결핍과 이면을 짐작할 수 있었다. 시간이 지나 조용한 술자리에서 그 사람의 속 얘기를 듣고서 내 짐작이 틀리지 않았음을 알 수 있었다.

그 사람은 젊은 나이에 일찍 가정을 꾸리게 되었다. 젊음을 누리기도 전에 부모의 의무를 감당하게 되어 연대감이 깊은 친구나 팀, 동료애를 한 번도 느껴보지 못했던 것이다. 소속감의 결핍이 올바르게 배출 되지 못해 어느 집단을 가든 정치질을 하게 되는 것이다. 깊은 연대감을 느끼기 위해 가장 필요한 건 상대방이 나와 모두를 스스로 알아갈 수 있도록 시간과 마음을 열어주고 내어주는 일이다. 하지만, 이 사람은 그 결핍이 자신을 조급하게 만든다는 걸 모르다 보니 상대에게 여유를 주지도 못하고 정치질을 하며 압박감만 느끼게 하는 것이다. 결국, 그 사람과 친하게 지냈던 사람들은 대부분 떠나가고 말았다. 연대감이 약해졌다고 느낄 때마다 서로가 성찰해볼 시간을 내어주지 않고, 자꾸 연락하고 언질을 주었기 때문이다. 아직도 이 사람은 사람들이 자기 곁을 떠나가는 이유를 모르고 있다. 정말 안타까운 점은 본인이 직접 정치질을 하게된 이유를 나에게 말해주면서도 그게 진짜 '이유'라는 걸 인지하지 못 한다는 점이다. (그래도 이런 성향은 비즈니스적으로는 아주 탁월하다.)

그 모습을 보고 난 기록과 정리의 중요성을 다시금 깨달았다. 그리고 기록과 정리를 멀리했을 때 발생하는 무서운 면도 알게 되었다. 내가 아버지의 과거와 이면을 어떻게 알았겠는가? 아버지가 자신의 결핍을 늘 말해주셨기 때문이다. 나의 아버지 또한 아직도 자신이 왜 그리 강제적인 행동과 어리석음을 반복했는지 인지하지 못하고 있다. 이렇듯, 대부분의 사람은 자신의 결핍을 잘 알고 있으면서도 그 결핍이 자신에게 미치고 있는 영향에 대해서는 전혀 인지하지 못하고 있다. 간과하고 있다. 그 결핍이 자꾸 자신의 관계를 괴롭히는데도 말이다. 우리는 적어도 우리가 보았던 어리석음을 반복하지 않길 바란다. 기록하고 정리해서 과오를 막을 수 있길 바란다. 조금 귀찮아도 감내하고 나면 얻어가는 건 몇 배가 된다. 아버지와 나의 관계를 정리하다 타인의 이면과 결핍도 분별하게 된 나처럼 말이다.

나는 안목 또한 엄청난 '능력'이라고 생각한다. 바쁘고 소중한 일상 속에서 쓸데없는 모습에 시간과 감정이 날아가지 않도록 지켜주니 말이다. 이렇게 보니 하나를 정리하고 얻어가는 점이 훨씬 더 넓게 느껴진다. 우리의 관계와 기억 안에는 '일타이피'짜리 교훈들이 숨겨져 있다. 자유와 안정을 위해 내 마음에다 펜으로 기름칠 좀 해주자. 어떤 모습과 관계를 마주하든 부드럽게 대처할 수 있게 될 것이다.

동기

동기부여가 즐비한 세상이다. 당장 블로그와 유튜브만 검색해봐도 엄청난 동기부여 영상들이 쏟아져 나온다. 종류마저 다양하다. 대인관계, 운동, 연애, 이별, 돈, 공부 등 원하는 분야마다 동기부여가 전부 다 있다. 종류만 다양한 게 아니고 상황과 입장을 나눠 더욱 구체적으로 게시되어 있다. 실행력을 올리고 싶은 사람, 소방공무원 공부를 하는 사람, 우울증을 극복하고 싶은 사람, 그냥 변하고 싶은 사람, 관계에서 상처를 받기 싫은 사람 등 우리는 동기부여 최적화 세상에서 살고 있다. 그런데 왜 수많은 사람이 원동력을 얻지 못하고, 원동력을 얻어도 꾸준히 나아가지 못할까? 자신이 나태한 탓도 어느 정도는 있겠지만, 제일 중요한 요인은 나에게 맞지 않는 동기부여가 가득하기 때문이다. 이걸 꼭 알아두길 바란다. 모든 강사와 제작자는 당신에게 딱 맞는 동기부여를 해줄 수 없다. 자신에게 딱 맞는 동기는 자신이 찾아내야 한다. 왜냐면 오로지 자신만이 알고 있기 때문이다.

동기란 무엇인가? '자신을 움직이게 만드는 원초적인 강력한 힘' 이다. 이 힘을 똑바로 인지하고 활용하게 되면 어떤 일이 닥치든 끊임없이 나아가게 되는 것이다. 기록과 정리의 과정 없이 경험만으로 명확한 동기를 찾아내 힘을 내는 사람들도 있지만, 이런 사람들은 극히 소수다. 다수의 사람은 자신의 동기가 무엇인지도 모른 채 동기를 찾아 방황하는데 너무 많은 시간을 허비한다. 그리고 우리는 소수일 확률보다 다수에 속할 확률이 높다고 본다.

수많은 동기부여 영상들을 일일이 검색하고 찾아볼 시간에 차라리 나에게 직접 물어보며 찾는 시간을 가져보는 건 어떨까? 적절한 동기는 지치지 않는 실행력을 만들어 앞서가는 기분과 자유를 누리도록 해준다. 사실, 나도 과거에는 수많은 동기부여 영상을 보고 심장에 펌핑을 받아 실행 몇 번 하고 그만두기를 반복하는 패잔병 중 하나였다. 그리고 선택한 방법은 더 강력한 동기부여를 찾아 영상을 뒤적거리는 내 모습이었다. 혹시, 당신에게 나와 같은 모습은 없었는가? 다음 글은 내가 나만의 동기를 성찰해가며 썼던 글이다.

난 희망을 믿지 않는다. 언제부턴가 희망하는 것을 내 안에서 지워가기 시작했다. 어중간한 노력으로 바라던 모습들은 나타나지 않았다. 나에게 허무함만 느끼게 했다. 희망이란 어감은 나를 움직이게 만드는 것과 동시에 나태함을 불러왔다. 막연한 희망은 나의 나태함에 교묘히 의미를 부여했다. 이만하면 됐다고, 여기까지 했으니 쉬어도 된다고. 목표한 모습과 현재의 거리를 체감하지 못하도록 설득한다. 희망은 내게 결심이 아닌 방심을 불러왔다. 난 스스로 부여한 그 의미에 속아 얼마나 걸음을 멈추고 방향을 틀었을까? 희망. 뭔가 다 잘될 것만 같은 그 어감이 나에겐 독이 되었다. 희망 보다는 부족하고 모자란 지금의 나를 믿기로 했다. 모자라게 행동한 만큼만, 부족했던 선택의 결과만큼만 받아들이고 그걸로 좀 더 현실적인 판단을 내리고 싶다.

나에게 힘을 주는 동기라고 믿었던 '희망' 에 대해 다시 정리해본 글이다. 내 의지가 약한 탓도 있지만, 난 내게 맞지 않은 동기에 자꾸 이입한 덕에 실행력은 줄어들고, 같은 실패와 주저를 반복하며 자존감이 낮아져만 갔다. 아무것도 하지 않는 자신의 모습보다 시작해놓고 그만두는 자신의 모습을 볼 때 우리는 더 큰 좌절감에 빠진다. 그 좌절감을 알기에 나중엔 시작조차 두려워하게 된다. 또 그만둬서 자괴감이 커질까 무서운 것이다. 자신의 동기를 인지하는 것은 이렇게나 중요하다. 나에게 어떤 동기를 부여하느냐에 따라 좌절이 반복되기도 하고, 실행이 반복되기도 한다. 위의 글처럼 잘못된 동기가 내게 끼쳐온 영향을 인지했으니, 이젠 딱 맞는 동기를 찾아 나서야 할 것 아닌가? 어떻게 찾아야 할까? 나도 그게 궁금해서 나를 향해 물어가며 적게 된다. 고맙게도 고작 1장으로 내게 어울리는 최상의 동기를 발견하게 되었다.

내가 뭔가를 느끼고 가장 빠르게 실행했던 때는 언제일까? 아마 불안했을 때였던 것 같다. 시험 기간이 다가올수록 집중력이 올라가는 것처럼. 내가 불안할수록 잘 움직이는 건 아버지의 영향이 컸던 것 같다. 청소하지 않으면 맞는다. 하루에 한 권 동화책이나 위인전을 읽지 않으면 맞는다. 말을 함부로 하면 맞는다. 그래서 매일 청소를 하고, 아무 책이라도 읽었고, 말을 아끼다 못해 해야 할 말도 똑바로 못하게 되었던 것 같다. 태어날 때부터 위험과 불안을 없애기 위해 움직여왔다.

내 실행력이 '불안'에 기저 하는 건 자연스러운 일이다. 어찌 보면, 불안함은 잘 활용하기만 하면 눈앞의 위험들을 막고, 현재의 능률을 높여주는 것 같다. 전혀 경계할 요소가 아닌데, 난 불안해져야만 더 빨리 움직이는 걸 알면서도 왜 희망만을 집착하고 믿어 왔을까? 우유를 많이 마시면 키가 크고 건강해진다는 잘못된 정보처럼 막연히 희망을 품고 있으면, 내가 어떻게든 나아지는 쪽으로 갈 거라고 의지했나 보다. 큰 키와 건강을 위해 필요한 건 운동인데, 우유를 많이 마셨던 것처럼. 나아가기 위해 필요한 건 희망이 아니라 실행이었는데, 날 실행하게 만드는 불안이었는데, 주야장천 희망만 들이키고 있었구나.

이제 좀 불안해지자. 날 불안하게 하는 것들을 피하지 말고 전부 마주하자. 내가 움직여야 할 불안한 이유는 주변에 널려있다. 똑바로 알아가자. 나는 지금 무엇에 가장 불안해하고 있을까? (중략)

이 순간을 기점으로 나의 실행력은 '폭발'을 하게 된다. 나아졌던 정도가 아니라 그야말로 폭발했다. 아침에 일어나 운동을 하고, 퇴근 후에는 내 작업에 몰입하는 삶을 반복적으로 살아가고 있다. 지칠 때도 있지만, 내게 딱 맞는 동기를 부여해서 다시 힘을 충전한다. 솔직히 나는 지금의 삶이 아무렇지도 않고 즐겁게 힘든데, 오히려 주변 사람들이 내게 어떻게 그런

패턴을 반복하는지, 피곤하진 않은지 의문을 가지며 말한다. 부지런하다. 근성이 좋다. 이런 칭찬을 듣는 순간이 너무 많아졌다. 난 솔직히 근성과 의지가 강한 인간이 아니다. 내가 무엇을 해야 나아갈 수 있는지를 너무나도 잘 알고 있을 뿐이다.

불안의 힘을 통제할 수 있게 된 난 나를 불안하게 만드는 다양한 요인을 강도별로 분류해서 적어갔다. 그리고 강도에 따라 우선순위를 나눠 실행하며 나아가고 있다. 아침에 일어나 운동을 하는 이유는 내가 운동을 좋아하는 이유도 있지만, 고통으로 가득한 노년을 보내기 싫은 무서움이 더 크다. 내가 본업을 다 끝내고 유튜브나 블로그, 독서를 통해 발전과 성장에 미친 듯이 열중하는 이유는 이대로 발전 없이 월급만 받고 살아가다간 언젠가 회사에서 쓸모없는 존재가 되어 처참히 버려질 수 있다는 걸 끔찍하게 잘 알고 있기 때문이다.

나는 사고로 몸을 잃은 아버지를 재활하며 병원을 집보다 많이 드나들게 되었다. 그곳에서 하루종일 고통으로 지새우는 사람들과 그 곁을 지키는 소중한 사람들을 보면서 나 하나가 온전히 건강함으로써 얻는 게 무엇인지 분명히 상시 시킨다. 병실 안에 침실은 늘 환자들로 가득하다. 일주일도 안 되어 사지가 마비된 사람이 들어온다. 그런 모습들을 보면 볼수록 난 무뎌지는 게 아니라 무서워진다. 그런 나를 보았을 때, 난 다른 사람들에 비해 '불안'과 '생존'이란 감정에 반응하는 범위가 훨씬 깊고 강한 것이다. 글쓰기로 나의 동기에 대해 명확하게 정리하지 않았더라면 평생 불안을 외면하며 살았을 것이다. 내 자유를 해치는 '희망이란 천적'을 평생 품고 살았을 것이다.

물론, 저 희망이란 천적의 기준은 내게만 해당하는 사항이다. 그런데, 당신도 나처럼 자신과 상반되는 천적을 동아줄로 오해하고서 꽉 쥐고 있을지도 모를 일이다. 그 동아줄이 당신의 힘을 계속 갉아먹고 있는데도 말이다. 우리 사회는 유독 희망과 위로에 호의적이다. 동기부여 영상들은 희망을 잃지 말라는 메세지로 가득하다. 영화나 드라마에서도 희망은 좋은 것이고, 힘을 주는 것으로 해석할 때가 많다. 나는 그러한 해석에 대해 부정하지 않는다. 많은 사람에게 희망은 최상의 동기가 될 수 있다. 하지만, 나처럼 최악의 동기로 작용하는 사람도 분명 존재할 것이다. 그런 분들에게 메타인지 글쓰기를 꼭 권하고 싶다. 뭔가 멋진 것을 보고 가슴이 뜨거워져서 해야지 하면서 시작했는데, 오래가지 못한 경험이 많다면, 메타인지 글쓰기가 필요한 시점이다. 동기에 대한 재점검이 필요하다. 단 1장을 통해 당신에게 맞는 올바른 방향을 선택할 수 있다.

자신에게 딱 맞는 동기를 알게 되면, 만나는 사람과 찾게 되는 정보와 장소도 달라진다. 난 불안이란 감정이 내게 힘을 준다는 걸 인지한 뒤로, 꿈과 포부만을 말하며 희망을 키우는 사람보단 꿈을 이루기 위해 현실적으로 필요한 정보만을 말하며, 지금 당장 행동하고 있는 사람을 가까이하게 되었다. 목표를 성취했을 때의 기쁨보다 목표를 거쳐 가기 위해 견딜 어려움을 먼저 말하는 사람에게 귀를 기울인다. 이전에는 나처럼 실행력은 약하고 희망만 꿈꾸는 사람들을 가까이하며 막연한 기대에 부풀어 올랐다. 지금은 내게 닥친 불안한 현실을 마주하며 당장 대처할 수 있는 행동으로 대응하고 있다. 이젠 지치는 순간이 와도 유튜브나 SNS에서 위로와 희망을 주는 영상을 찾지 않고, 내가 처한 현실을 더 직시하도록 글을 적는다.

그걸로도 충전이 안 될 때는 부산의 서면역에 있는 노숙자 거리로 가서 나의 불안을 극대화한다. 그곳에 가보면 코로나19가 창궐하는 시기에 마스크도 끼지 않고 아무렇게나 침을 뱉으며 공공의 안정을 훼손하는 노숙자들을 종종 보게 된다. 삶에 대한 의무를 모두 포기하고 자신을 내팽개친 그들의 모습을 보면서 내가 똑바로 살지 않으면 그들처럼 살 수 있다고 체감하고 가는 것이다. 극도의 불안은 나를 더 나아가게 만든다. 그 외에도 병원에서 느낄 수 있는 고통스러운 분위기. 당장 눈을 감으면 상상할 수 있는 죽음의 상태도 나를 멈추지 못하게 만든다.

지금의 내겐 나아가지 않을 이유보다 나아가야 하는 이유가 너무나 많다. 지칠 수가 없는 것이다. 설사, 실패를 겪거나 며칠 중단되는 상황이 온대도 괜찮다. 장담하건대, 난 다시 나아갈 것이다. 왜 다시 나아가야 하는지 너무 잘 알고 있기 때문이다. 이 자신감은 아무 근거도 없이 나오는 게 아니다. 자신이 자신에게 많은 시간과 정성을 들여왔기 때문에 드러낼 수 있는 자신감이다.

혹시, 당신도 나처럼 잘못된 동기를 품고 나아가고 있진 않을까? 되돌아볼 필요는 충분히 있다고 본다. 본래 동기란 희망이나 불안에만 한정된 게 아니기 때문이다. 나 같은 경우 불안뿐만 아니라 죽음과 생존에서도 에너지를 얻듯, 당신도 희망이란 큰 틀이 아닌 위로, 사랑, 사람, 자연, 동물 등 좀 더 넓고 포괄적인 자신만의 동기를 찾아볼 필요가 있다. 다시 한번 말하지만, 세상은 절대 당신에게 딱 맞는 동기부여를 해줄 수 없다. 자신에게 딱 맞는 동기를 줄 수 있는 건 오직 자신뿐이다. 나의 삶을 자유롭게 하는 것 또한 세상이 아닌 나 자신이다.

사랑

사랑만큼 사람을 들뜨게 하고, 사랑만큼 사람을 괴롭히는 것이 또 있을까? 많지 않다고 본다. 그만큼 사랑은 강력한 감정 중 하나다. 역사적으로, 사회적으로, 관계적으로 사랑은 큰 고통과 치유를 동반한다. 올바른 사랑은 삶을 구제하지만, 잘못된 사랑은 삶을 파괴한다. 내 자유와 안정에 미치는 영향력은 두말할 것도 없다. 그런 거대한 감정이 개인에게 주어졌으니 기록으로 정리해두지 않으면 안 될 일이다. 사랑이란 감정을 꼭 사람에게만 적용할 필요는 없다. 반려견이나 취미 등 내게 일어난 혼란을 없애주고, 기쁨과 안정으로 채워주는 그 모든 것들이 사랑이 아닐까 싶다.

그래도 우리의 행동에 가장 큰 영향을 미치는 사랑은 사람과 사람 사이로 전해지는 사랑이다. 사람에게 맴도는 사랑부터 정리해보길 권한다. 각자가 원하는 사랑의 모습과 고민이 다 틀릴 것이다. 나 같은 경우 현재 사귀는 여자친구와 어떻게 해야 더 안정적인 단계로 나아가 영원을 약속할 수 있을지가 가장 큰 고민이다. 그러나 다른 남자는 지금 여자친구와 생긴 갈등을 푸는 것이 가장 시급한 것이 될 수 있고, 어제 여자친구에게 받았던 상처를 어떻게 풀어갈지가 중요한 사람도 있을 것이며, 당장 애인이 없는 사람에겐 마음 맞는 사람을 어떻게 만날지가 시급한 고민이 된다. 이렇게나 다양한 상황에 놓인 사람들을 떠올릴 때면 새삼, 글쓰기가 얼마나 유용한 기술인지 다시 한 번 느끼게 된다. 이토록 다양한 상황을 전부 정리해서 자신에게 딱 맞는 선택을 내릴 수 있게 도와주니 말이다.

과거에 난 여자라는 존재가 눈앞에만 있어도 말을 버벅거리는 쑥맥이었다. 운 좋게 연애를 해도 남자다운 기질을 보여주지 못해 차이는 일이 허다했고, 나 혼자 배려를 쏟아붓는 일방적인 연애를 반복했다. 뜨겁게 오래가는 연애를 해본 적 없는 내가 안전하고 균등한 사랑을 지켜갈 수 있게 된 것도 글쓰기 덕분이다. 사랑 또한 내게 딱 맞는 박자와 순서가 있다. 더 세분화하면 갈등을 풀어가는 과정, 권태기 대응과정, 이별 극복 과정, 호감을 얻어가는 방법 등 다양한 종류로 나눌 수 있다.

난 내가 사랑을 하며 겪었던 기분과 느낌들을 기록하고 정리한 덕에 내게 어울리는 여자는 어떤 성향인지 명확하게 알 수 있었다. 그런 여자가 내게 매력을 느끼려면 무엇을 해야 하는지도 알게 되었다. 현재, 난 참 행복한 사랑을 이어가고 있다. 여자에게 말도 못 걸던 쑥맥이 연애 콘텐츠를 제작해 정보를 공유하는 유튜버로서 소통하고, 친구들과 지인, 동생들이 연애 상담을 해오고 있다. 다음 글은 정리해뒀던 여러 사랑의 난관 중 '이별'을 기록해 얻은 교훈이다.

어설픈 내가 맞춰가기에는 넌 너무 멀리멀리 현명했던 것 같다. 난 네게 받았던 기운으로 아직도 기죽지 않고 웃곤 한다. 너 또한 많이 웃을 수 있으면 좋겠다. 넌 어느 곳을 가던 자신이 무엇을 해야 하는지 단번에 알아내곤 했다. 어떤 장소든, 어떤 사람이든 무엇을 해야 어울릴 수 있는지 잘 알고 있었지. 상대방이 무엇을 필요로 하는지, 어떤 말을 원하는지, 어떤 순간에 슬퍼할지도 너무 잘 알고 있었지. 그렇게 현명한 너라 우리가 이별할 순간도 먼저 알고 있었던 것 같아. 너의 섬세한 배려에 비해 내 표현과 배려는 너무 뻔하고 서툴렀던 것 같다.

지금은 그때 비해 많이 유연해졌을까? 어느새 내 성장의 기준이 돼버린 너였다. 솔직히 난 지금도 그다지 유연하지 않다. 섬세하고 부드러운 것. 그런 걸 보여줄 순 있지만, 아마 나다운 게 아닐 거야. 네가 많은 사람과 자연스레 스며들 수 있었던 게 나다움을 잃지 않는 선을 지킬 줄 알았기 때문이듯, 나도 나다움을 잃지 않는 선에서 배려를 조절하는 게 중요하다고 생각된다. 그땐 조절을 너무 못해서 부담스럽고 지치기만 했던 것 같아. 난 여전히 배려가 부족하다. 근데 또 나만이 할 수 있는 강한 배려가 있고, 섬세함이 있고, 표현들이 있더라. 그것이 비록 네게 어울리진 않았지만, 더 잘 어울리는 사람도 있다는 걸 가끔 느끼곤 한다. 혹시나 우연히 너를 봐도 난 감사히 웃을 수 있을 것 같다. 그렇지만, 우연히 너를 마주친다면 난 피하고 싶을 것 같다. 좀 더 자연스러운 내가 되었을 때 스쳐 갈 수 있으면 좋겠다. 늘 그립지만, 난 슬프지 않다. 나를 웃게 만드는 그리움. 네가 항상 행복했으면 좋겠다.

글에는 감성적인 회상도 좀 섞여 있는데, 이해해주길 바란다. 첫사랑이지 않은가? 시간이 너무 흘러 지금은 그리움이나 애틋함도 전혀 없다. 다만, 저 기록을 통해 얻은 교훈만이 내가 추구하는 모습들에 긍정적으로 영향을 미치고 있을 뿐이다. 돌아보니 저 글에는 '진실'보다는 '진심'이 좀 더 들어가 교훈도 얻었지만, 가슴 한쪽의 응어리를 덜어낸 기분이 더 크다. 얻어낸 교훈이 유용하지 않다는 것도 아니다. 큰 아픔을 줬던 이별의 순간은 그만큼 내게 주는 메시지가 많았고, 차분히 정리해둔 덕에 다음 여자를 만날 때는 나다움을 잃지 않으면서 표현하는 자세와 조절력을 갖추게 되었다. 실제로 여성들에게 호감을 얻는 빈도가 훨씬 늘었다. 정말이다. 한 번 믿고 적어봐라. 그냥 자연스럽게 된다. 꽤 자신 있게 말할 수 있다. 과거에 난 글쓰기를 하지 않고도 여자를 만나봤기 때문이다.

글을 써서 명확히 정리하지 않고, 머리로만 이렇게 해봐야지 하며 또 다른 여자를 만나게 되었다. 다행히 첫인상부터 호감이 생겼다. 그래, 예뻤었다. 남자가 예쁜 여자를 보고 호감이 가는 건 자연스러운 일. 그런데 여자에게 호감이 생기자마자 또 안 좋은 버릇이 발동한다. 함께 나누는 대화에만 집중해야 어색하지 않은 편안한 분위기가 이어지는 법인데, 여자에게 잘 보이고 싶어 그녀가 모르는 정보와 전문 용어를 계속 사용해 대화의 흐름을 끊는 것이다. 있어 보이려고 노력하는 것이다. 여자의 말을 끊고 내 얘기를 하는 순간에도 '아차!' 싶었지만, 한 번 뱉은 말은 쉽게 멈출 수 없다. 대화가 자꾸 끊어지고, 여자는 내 말에 단답형으로 답하는 순간이 많아졌고, 어색함이 들어차는 건 순식간이었다. 결국, 난 비호감이 되어 집으로 가야 했다. 이런 일이 한 번만 있었던 게 아니다. 글을 가까이하기 전까진 알면서도 망치는 일이 허다했다.

알면서도 계속 망치게 된다니 이 얼마나 열 받고 서러운 일인가? 그것도 결코 쉽게 찾아오지 않는 썸을! 내가 머리로만 정리하고 판단했기 때문이다. 우리의 머리는 생각보다 믿을 것이 못 된다. 생각은 보이지 않는다. 체감도 불가능하다. 그래서 각오를 하고 결정을 내려도 시간이 지날수록 빨리 흐려지고 약해진다. 시험과 똑같다. 필기를 죽어라 열심히 해둔 내용이 객관식 문제로 나오면, 단 1초의 망설임도 없이 정답에 체크한다. 정답이라고 '생각해서' 체크하는 게 아니라 하도 적으며 암기하다 보니 몸이 먼저 반응하는 것이다. 반대로, 필기를 열심히 못 했던 문제가 나오면 어떻게 될까? 확신이 없어 정답을 찍는데 시간도 지연되고, 고민도 많아지다 결국 오답을 찍게 된다.

연애도 이와 다를 것 없다. 아니, 오히려 연애가 시험보다 더 쉽다. 시험은 몇십 번을 적고, 보고, 적고, 읽기를 반복해야 하지만, 연애는 내 입장과 상황을 한 번만 똑바로 정리해 쓰고 보기만 해도 엄청난 체감화를 하게 된다. 실제로 난 글쓰기를 하게 된 뒤로부터 호감 가는 이성을 만나도 자연스럽고 편안한 분위기로 대화를 이어가게 되었다. 내가 원해서 그리된 것이 아니다. 필기를 열심히 한 학생이 생각하지도 않아도 시험지에 정답을 아는 것처럼. 그냥 따로 생각하지 않아도 몸과 입이 알아서 둘 사이에 정답을 찾아 움직이는 것이다. 경험을 그대로 두지 않고, 손으로 적어 시각으로 입력하고 되뇌며 체감했기 때문이다.

자신이 이별을 자주 겪거나, 뜨거운 사이로 발전하는 일이 드물다면, 연애라는 게 본래 어렵고 변측이 많은 탓도 있지만, 분명 자신에게도 큰 문제가 확실히 있다는 거다. 그 문제에 대해 조금만 시간을 들여보길 바란다. 시간을 들인 만큼 아쉽지 않을 기회들이 보상으로 찾아올 것이다. 사랑은 우리의 삶에 지대한 영향을 미친다. 세상과 사람들이 전해주는 수많은 위로보다 한 사람과의 포옹이 모든 걸 해결해줄 때가 더 많다고 본다. 그 깊숙한 위로가 자연스레 나를 향할 수 있도록 글쓰기를 가까이했으면 좋겠다. 나는 어떤 사랑을 원하는지. 그 사랑을 위해서 나는 어떤 사람이 되어야 하는지. 어떤 말과 행동이 필요한지. 정답은 멀리 있지 않았다. 언제나 가장 가까운 곳에 있었다.

제4장
우울의 천적

우울의 현실

우울이란 감정은 자유로운 삶을 망치는 강력한 감정 중 하나다. 하지만, 아무리 강력한 것이라도 천적은 있기 마련. 우울의 천적은 역시 '글쓰기'다. 글쓰기가 왜 우울의 천적이라 할 수 있는지 확실히 인지하기 위해선 일단 우리의 현실을 직시해볼 필요가 있다.

우선, 주변에 내 우울함을 완벽하게 이해할 수 있는 사람이 있을지 살펴보자. 가족, 친구, 사랑하는 연인, 당장 떠오르는 절친한 그들이 과연 내 우울함을 깔끔하게 제거하고 벗겨낼 수 있을까? 솔직히 불가능하다. 조금 덜어내거나 일시적인 안정은 줄 수 있을 것이다. 알다시피 내가 계속 강조하는 자유는 장기적인 자유다. 다시 우울함이 떠밀려 와도 전혀 흔들리지 않고 나아가는 온전한 해방이다. 설사, 친구와 가족이 나를 우울감에서 해방해주는 기간과 범위가 넓다 하더라도 결국, 그 사람들이 없으면 해결되지 않는다는 뜻 아닌가? 우울함이 다가올 때마다 누군가에게 의존해서 살아갈 위험이 커진다. 그렇다면, 돈을 지불하고 정신 병원이나 상담 센터에 가서 처방을 받으면 어떨까?

　내 경험상 한 사람의 우울을 전부 덜어주기 위해선 꽤 많은 시간이 필요하다. 고작 30분~1시간 남짓한 시간으로 한 사람이 깊은 우울에 빠지게 된 기나긴 정황을 다 설명할 수 있을까? 설명하고 싶다고 해도 병원은 당신의 이야기를 다 받아줄 수 없다. 병원이 당신 한 사람의 이야기만 들어주다간 문 닫는다. 병원의 시스템은 최대한 많은 환자를 수용해야 장기적인 운영이 가능하다. 환자들의 우울함을 일시적으로 해소하면서 더 많은 환자를 받아야 장기적으로 생존이 가능한 곳이다. 그리고 내가 지금 당장 우울해 죽겠는데도 예약해서 시간을 따로 잡아야 한다. 며칠을 기다려야 한다. 버스나 차를 타고 병원에 도착해도 대기해서 기다려야 하며, 상황에 따라 대기 시간이 길어지기도 한다. 우울증 치료를 받아본 사람이라면 공감할만한 이야기라고 본다.

　참고로, 나의 아버지처럼 불완전 손상 또는 영구 손상으로 몸을 다친 환자들이 치료받는 시간은 얼마인지 아는가? 고작 30분이다. 일반적인 환자보다 더 많은 치료가 필요한 그들에게 내어주는 시간도 고작 30분인데, 정신이 다친 사람들에게는 과연 시간을 얼마나 내어줄까? 재활병원 또한 짧은 시간에 더 많은 환자를 받아야만 운영될 수 있는 시스템이다. 이러한 시스템적 한계로 인해 내 증상에 딱 맞는 정신적 치료를 받기는 무척 어렵다.

　상담이나 치료를 받다가 우울증 증상이 심해져 병원을 다시 간다고 해도 더 강한 약을 처방해줄 뿐이다. 강한 약을 먹을수록 더 강한 내성이 생겨 1~2알 먹던 약은 3~4알이 되고, 나중엔 약을 먹어도 아무런 효과가 없어 더 극심한 우울감에 시달리게 된다. 실제로 많은 사람이 겪는 과정이며, 내 지인들도 이런 과정으로 고통 속에서 살고 있다. 오죽하면 노래 가사에서도 '병원은 잠깐의 안심과 더 강한 약을 처방해줄 뿐'이라는 이야기가 나온다. 난 병원을 부정하는 것이 아니다. 그렇게 해야만 병원도 순탄한 운영이 이뤄지고 수많은 근로자의 임금을 감당할 수 있다.

서두에 말했듯, 난 현실을 말해주는 것이다. 우울함에 빠진 사람들에게 이 사회의 시스템이 얼마나 냉정하게 돌아가는지 말이다. 우울한 사람은 채용도 어렵다. 함부로 일을 맡길 수 없다. 어디에서 어떤 사고가 일어날지 알고? 아니, 입장 바꿔 내가 사장이라도 망설일 수밖에 없다. 세상은 우울한 이들을 외면하도록 돌아가고 있다. 누구나 사소하게 배려해줄 순 있지만, 누군가 완벽히 해결해줄 순 없다. 그러니 당신도 세상에 뭔가를 기대하지 않길 바란다. 차라리 자신에게 의지해가는 힘을 조금씩 키워가는 건 어떨까?

가끔 TV나 영화, 다양한 사연 등을 통해 우울한 내 삶이 한 사람으로 인해 완전히 치유되었다는 소식을 보거나 듣곤 한다. 사랑이 우울의 특효약임을 부정하진 않겠다. 하지만, 그런 사랑이 자신에게 찾아오리라 믿고 아무것도 하지 않으며 기다리는 시간보다 스스로 극복하고 일어나는 시간이 훨씬 빠르고 자유롭다는 점을 말해주고 싶다. 한 사람으로 인해 우울함이 없어진다는 건 그 사람이 없으면 영원히 우울해진다는 뜻과도 같다. 자신의 안정을 누군가에게 맡기는 것만큼 위태로운 결정도 없다. 자신의 우울은 오직, 자기 자신만이 해결할 수 있다. 그 누구도 당신을 영원히 보살펴줄 수 없다. 다시 한 번 강조한다. 우울은 오직 자기 자신만이 해결할 수 있다.

나 또한 우울함으로 20대의 절반을 날렸다. 병원에 가서 정밀한 진단을 받은 적은 한 번도 없었지만, 우울함이 찾아왔을 때 느껴지는 감각과 증상들은 아직도 선명하다. 우울에 대한 반응은 저마다 조금씩 틀리겠지만, 나는 불규칙한 심장 소리와 감전 증상이었다. 주로 이른 아침이나 깊은 밤에 찾아왔는데, 심장이 터질 듯 쿵쾅거리고, 호흡도 불안정해지며, 귀에선 TV 연결이 끊길 때 나오는 삐~ 소리가 계속해서 들려온다. 무엇보다 감전 증상. 손끝에서 시작해 어깨로 퍼져가는 미약한 감전 증상. 신체적인 고통은 크게 없었지만, 그 저리함이 느껴질 때면 마음이 붕괴할 것만 같은 무력감이 엄습한다. 어쩌면, 이미 무너졌었는지도 모른다. 마음과 정신은 육안으로 확인해볼 수 없다는 게 큰 문제다. 얼마나 쇠약해졌는지, 증상은 얼마나 심각한지 상태를 확인할 수 없다.

가족과 친구들은 내가 우울증을 앓았다는 사실을 전혀 모르고 있다. 이책을 읽으며 알게 될 예정이다. 누군가는 우울함을 대화로 덜어낸다지만, 나는 아니었다. 소통했음에도 또 다시 우울함이 찾아오면 심적으로 더 강한 무력감과 고통을 느끼기 때문이다. 그리고 사실, 우울한 내 모습을 드러내기가 너무 창피했다. 아버지가 사고로 건강을 잃어 집안이 어려워지긴 했지만, 그렇다고 내가 건강을 잃은 것도 아니었고, 하루 끼니를 못 먹을 정도로 가난해진 것도 아니었다. 내 삶에 제한적인 부분이 많아졌지만, 그렇다고 자유가 아예 없는 것도 아니었고, 나보다 더 어려운 환경에 처한 사람들도 제값을 하며 나아가는데, 이러한 상황에서 내가 힘들다, 못 버티 겠다, 죽을 것 같다고 고백하는 건 말이 안 되는 소리 같았다. 당신이 보기 엔 그 상황에 내가 가족들에게 우울하다고 얘기하는 게 옳다고 보는가? 당장 눈앞에 팔 하나도 똑바로 들지 못하는 아버지가 있는데, 내가 지금 우울하고 힘들다고 말할 자격이 있다고 보는가? 이런 질문들이 밤만 되면 끊임없이 날 괴롭혔다.

지금의 나는 저 질문에 대한 답들을 모두 알고 있다. 혹시, 당신은 아까 의 내 질문들에 답해줄 수 있는가? 아마 답해주기 어려울 것이다. 그게 정 상이라고 본다. 누가 감히 타인의 삶에 당당하게 이렇다 저렇다 할 수 있 겠는가? 우리가 타인의 삶에 확실한 답을 말해줄 수 없듯, 이 세상도 괴롭 고 우울한 사람들에게 정확한 답을 알려줄 수 없다. 나를 혼란스럽게 만드 는 질문들에 대한 대답은 오로지 나만이 알고 있다. 왜 나는 답하지 못했 을까? 너무나 간단하다. 답하지 않았기 때문이다! 하라는 답은 안 하고, 질 문과 의문만 계속해서 구겨 넣으니 마음이 터져나가는 건 당연한 현상이 아닐까? 문득, 가슴이 터질 것 같고 답답해진다면, 구겨 넣었던 것들을 이 제 좀 꺼내 보라는 '마음의 생존 신호'가 아닐까? 자신을 향한 부정과 의심 을 멈추고 대답할 때가 된 것이다.

대답하기 전에 지쳐있을 당신에게 잠깐의 위로를 건네고 싶다. 혹시나 나처럼 우울과 무력감을 느끼고 있다면 그건 지극히 자연스러운 일이라 는 걸 말해주고 싶다. 우린 우울하기 딱 좋은 시대에 살고 있다. 노력에 비 해 균등한 보상이 어려운 사회다. 저렴한 기회와 정보는 널렸지만, 값진 기회와 정보는 들어보기도 어렵다. 무언가 열심히 하지 않으면 뒤처지고,

무언가를 열심히 해도 맘처럼 시원하게 나아가지 않는다. 누군가는 쉬어 가라 하고, 누군가는 뛰어가라 하고, 누군가는 아무것도 하지 말라는 다양한 메시지 속에서 내가 무엇을 결정해야 할지 혼란스럽기만 하다.

아무리 열심히 해도 나보다 앞서나간 우월한 이들의 모습을 손쉽게 접한다. 비교하지 말라지만, 비교할 것들이 넘쳐나는 사회다. 지치기 딱 좋은 순환 속에서 우린 살아가고 있다. 우울하기 딱 좋은 시대다. 그렇다고 우리의 우울을 합리화하자는 건 아니다. 반대로, 우울을 극복하기에 딱 좋은 시대이기도 하니까. 우울한 당신이 절대 이상한 게 아님을 명시 해주고 싶다. 이제 결정할 차례다. 우리에겐 큰 틀에서 두 가지 선택권이 있다. 이 대로 우울과 함께 '공생' 할 것인가? 아니면, 우울을 정리하고, '극복'할 것 인가?

책의 첫 장에도 말했지만, 나는 우울증을 '극복'했다. 다시 그런 감정과 기분이 찾아온다 한들 언제든 떨쳐내고 나아갈 수 있으며, 그보다 더한 것이 온다 해도 이겨낼 수 있을 정도로 지금의 내 자존감은 막강하다. 당신도 나처럼 자신감을 가질 수 있으면 좋겠다. 앞으로 언급할 글쓰기 방법으로 당신의 우울과 고민을 덜어주고 싶다. 그러기 위해선 어떻게 글을 써서 답하는지가 참 중요하다. 좋지 않은 글은 당사자를 영원히 우울하게 만들어 버리기 때문이다. 나는 글을 썼던 모두가 자신을 짓누르는 것으로부터 '극복' 되길 원한다. 지금부터 우울을 물리치는 천적들을 알아보자. 놀랍게도 그 천적들은 이미 우리 안에 있었지만, 우리가 사용하지 않았을 뿐이다.

우울의 함정

    우울을 극복하기 위한 글을 쓰려면 '감정의 몰입' 보다는 '객관적인 진술'이 필요하다. 물론, 감정에 몰입해 쓰는 것도 필요하다. 다만, 몰입의 끝은 '개선의 방향'으로 끝나야 한다. 개선으로 끝나기 위해선 객관적인 진술이 필요하다. 다음 날, 내가 개선의 방향으로 행동을 옮기지 않더라도 괜찮다. 자신이 적은 대로 행동하지 않았을 경우, 다시 행동하기 위해선 무엇을 하면 좋을지 똑같이 적으면 된다. 우리 몸은 적어간 방향으로 더 행동하게 되어있다. 우울증을 극복하는 글쓰기는 어렵지 않다. 단순하다. 공부할 때 필기를 잘해두면 답을 알기 싫어도 답이 보여서 정답을 향해 펜을 두는 것처럼. 우울을 개선하는 쪽으로 글을 계속 적어가다 보면, 어느 순간 자신이 알아서 우울감이 덜한 선택만 골라서 하게 되는 것이다.

    우울하지 않은 생각과 행동의 횟수가 점점 많아질수록 이후엔 전혀 영향을 받을 수 없을 정도로 멀어지는 것이다. 만약, 단순히 감정의 몰입으로 끝나는 글쓰기를 연이어 진행할 경우, 우울과 공생할 확률만 훨씬 높아진다. 내가 적어둔 글들을 보면서 순간의 감정에만 치중한 글쓰기와 개선의 방향에 초점을 둔 글쓰기를 비교해보자. 첫 번째 글은 내가 한창 우울했을 때 적어둔 글이다.

거리를 지나가는 사람들. 혼자가 아니다. 손과 손이, 눈과 눈이, 미소와 미소가 서로를 향한 채 걸어간다. 그 아름다운 모습에 함께 웃어줄 수가 없다. 솔직히 기분도 좋지 않다. 저런 모습들을 볼 때마다 맞잡을 손 하나 없는 내 자신이 더욱 초라하게 느껴진다. 이번 겨울은 또 작년 겨울보다 더 추울 것이다. 자연스러운 만남이 없는 한 난 또 혼자서 거리를 걷게 될 것이다. 걷는 것도 싫지만, 집에 있는 게 더 싫어서 결국 밖으로 나오겠지. 내가 혼자가 아니란 걸 안다. 난 혼자가 아니다. 가족이 있고, 뜻이 맞는 친구들도 있고, 주변에 좋은 사람들도 참 많다. 건방진 마음은 그 많은 사람으로도 부족한지, 채워지지 않는 뭔가를 자꾸 원한다.
내 착각일지 모르지만, 짝이 없는 사람들의 눈을 보면 뭐랄까? 맑지 않다. 맑은 '척'을 하고 있다. 진정 맑을 수가 없는 듯하다. 돌아갈 집이 없는 것처럼 보인다. 연인들도 외롭다고는 하지만, 그건 집 안에서 느끼는 아늑한 외로움이 아닐까? 거리의 웃음들로부터 내 슬픔을 곱씹는 모습이 우습기도 하다. 나만 이렇게 생각하는 걸까? 짝이 없는 사람들은 정말 이대로 괜찮은 걸까? 뜻대로 되는 게 아니고, 세상에 공평한 건 없다지만, 사랑마저 불공평하다는 게 나는 참 섭섭하다. 지금 나는 무슨 푸념을 하는 걸까?

또 버텨내고 버텨낼 외로움에 대한 투정인가? 그냥 혼자이기 싫은가보다. 근데, 결국 혼자라서 정말 답답하고 우울한가 보다. 맑은 척하는 그들처럼 일부러 괜찮은 척하고 싶지 않다. 지금 난 외롭고 우울하다.

길을 걷다가 지나치는 연인들을 보고 느꼈던 외로움에 초점을 맞춰 적은 글이다. 나처럼 거리를 걷다 똑같이 외로움을 느꼈을 사람들에게는 공감을 줄 수 있는 부분이 많았던 것 같지만, 정작 나 자신에게 도움이 되었을지는 생각해볼 문제다. 분명 순간적인 외로움이나 답답함은 덜어냈을 것이다. 그런데, 저 글을 적은 뒤에 내가 다음 날이든, 그다음 날이든, 외롭거나 우울하지 않기 위해 어떠한 행동이나 조치를 했을까? 아무것도 안 했다. 저렇게 적고 끝이었다.

자연스러운 만남을 가지러 사설 모임을 찾아보거나, 매력적인 남성이 되기 위해 운동을 하거나, 새로운 발상을 하기 위해 책을 읽는다든지, 적극적인 행동이 전혀 없었다. 저 글을 적었던 당일은 마음이 후련했지만, 다음 날, 그다음 날도 거리의 연인들을 보면서 똑같이 우울해졌었다. 아무것도 하지 않았으니 당연한 일이다. 글조차도 푸념과 투정으로만 끝내 버렸으니까. 우울하지 않기 위해 무엇을 하면 좋을지, 다음엔 어떤 태도로 마주하면 좋을지 적지 않았다. 이처럼 감정에 몰입된 글은 일시적인 안정을 가져다줄 순 있어도 장기적인 안정을 가져다줄 순 없다. 이게 바로 우울한 사람을 더 우울하게 만드는 함정이다.

내가 말하는 건 장기적인 안정 속에서 잠깐 스쳐 가는 일시적인 우울이다. 자유로운 일상 속에서 잠깐의 불안을 느끼고 일상의 소중함을 상기시

커야지, 불안한 일상 속에서 잠깐의 평화를 느껴놓고 만족하며 안주해선 안 될 일이다. 다시 이전의 순환으로 돌아가게 된다. 나 자신이 의식하지 않아도 우울과 멀어질 수 있게끔 글을 적어야 한다. 순간의 감정에 몰입해 적더라도 그 글의 끝은 그래서 어떻게 조치할 것인지에 대해 반드시 적어야 한다. 내가 과거에 적어둔 다른 글을 보면서 차이점을 살펴보자.

나는 도대체 왜 우울할까? 매일 괴로워하면서도 왜 아무것도 못 하는 걸까? 어떻게 해야 우울하지 않을까? 내 우울은 어디서 오는 걸까? 돌이켜보면 한 가지 요인으로 우울해지는 게 아니었다. 수많은 모습과 기억들이 나를 괴롭혀온다. 나를 우울하게 만들었던 모습과 기억들은 뭐였지? 잠들기 위해 누웠는데 하루를 열심히 살았다고 느껴지지 않을 때, 시작한 일들을 또 포기했을 때, 호감 가는 여자에게 고백했지만, 퇴짜를 맞고 혼자가 되었을 때, 느끼기 싫었던 모욕감을 다시 느끼게 되었을 때, 과거와 크게 달라지지 못한 나를 다시 보았을 때. 정말 많은 모습이 나를 우울하게 만드는구나. 이런 것들을 하나하나 개선하다 보면 내 삶이 정말 나아질 수 있을까? 무엇을 먼저 해야 내가 성공해서 또 다른 시작으로 이어갈 수 있을까? (중략)

앞에 봤던 글과 어떤 차이점이 있을까? 우울이란 주제는 똑같지만, 풀어나가는 방향이 완전히 달라졌다. 앞의 글은 몰입만으로 끝났다면, 방금의 글은 어떻게 하면 지금의 상황을 이겨낼 수 있을지 해결을 위해 묻고 있다. 자신의 심정을 표현하려고 적는 글이 아니다. 더 이상 이렇게 살고 싶지 않아서 적는 글이다. 저 글은 그 뒤로도 상당히 길어져 3장이 넘어갔다. 글 속에서 난 나를 우울하게 만들었던 요인들을 모조리 정리하기 시작한다. 우울증은 절대 한 가지 요인으로 나타나지 않는다. 어떤 모습이나 현상을 마주했을 때, 감정을 느꼈을 때 자기 안에 정리해두지 않았던 모습과 기억들이 순식간에 중첩되면서 급격히 우울해지는 것이다.

예를 들어 거리에 지나가는 행복한 연인들을 보자마자, 지금까지도 짝이 없는 나의 처지를 상기하게 된다. 동시에 늘 외로움을 느꼈으면서도 노력하지 않았던 지난 시간을 후회하면서 앞으로도 이런 순간을 계속 마주해야만 한다는 두려움이 머리 안으로 쏟아지는 것이다. 정리되지 않은 수많은 감정의 개입을 마음이 버텨내지 못할 때 우리는 우울해지는 게 아닐까? 그래서 우울한 사람들에겐 정리가 꼭 필요하다. 조금은 공격적이고, 사실적인 정리가 필요하다. 감정에 호소하는 글이 아닌 감정에 대응하는 글이 필요하다. 나는 이런 과정을 전혀 모른 채 무식하게 적기만 하다 다시 우울증과 무기력에 빠지는 시행착오를 겪었지만, 당신은 단번에 우울함을 극복하길 바란다.

난 나를 우울하게 만들었던 요인을 모조리 적어낸 덕분에 우울증이 몰려와도 어떤 감정을 먼저 정리해야 탁월하게 막아내는지 알게 되었다. 짜증나는 우울함이 내게 섣불리 접근하지 못하도록 지금부터 내 안에 우울의 천적들을 다듬어두자.

외로움

당신은 '얼마나' 외롭습니까? 자신이 가진 외로움의 크기와 깊이를 정확히 알고 있는 사람은 드물다. 그저 외로운가 보다 하고 간단히 넘겨버린다. 외로움만큼 사람을 우울하고 슬프게 만드는 게 없다. 사람을 힘들게 만드는 대표적인 감정이기도 하다. 하지만, 자신이 왜 외로운지 정확하게 말하는 사람은 드물다. 똑바로 알려고 하는 사람도 많지 않다. 외로움은 '일시적'이다. 당장에는 혼자가 된 것 같지만, 다음 날 마음 맞는 사람과 얘기하다 보면 금세 사라진다. 그리고 다시 외로움이 찾아온다. 어제의 외로움보다 조금씩 조금씩 몸집을 불려 지금의 자신이 얼마나 외로운지 감지하지 못하게끔 만든다. 감당할 수 없을 만큼 커졌다는 걸 인지하고 난 뒤에는 대처하기 쉽지 않다. 어느새 거대해진 외로움의 크기에 압도당해 쉽사리 대처할 생각도 못하게 된다. 자신이 주기적으로 외로움을 느끼고 있다면, 방치해둔 외로움이 거대해져 자신을 압도하고 있는 중인지도 모른다.

나는 이런 생각을 자주 한다. 늦은 시기란 없다. 오로지 또 시작하는 시기만이 있을 뿐이다. 지금이 그 순간이라 말해주고 싶다. 당신을 외롭게 만드는 건 무엇이 있을까? 꼭 짝이 없다는 이유 하나만으로 외로워지지 않는다. 관계의 오해나 단절로 발생하는 외로움, 직장에서 필요성을 인정받지 못해 발생하는 외로움, 자신을 단점들을 수용하지 못해 발생하는 외로움 등 나를 외롭게 만드는 요인들을 천천히 적어가 보자. 적을 게 많아서 부담스러울 수도 있다. 난 그럼에도 당신이 할 수 있다는 걸 일깨워주고 싶다. 이미 당신은 자신보다 더 큰 외로움을 버텨온 사람이다. 아프고 지치면서도 꾸역꾸역 삼켜왔던 그 시간들에 비하면 외로움을 정리하는 시간은 금방이다. 내가 적어둔 과거의 글을 보면서 외로운 요인들을 어떻게 정리할지 살펴보자.

나를 외롭게 만들었던 순간들 중 나를 가장 괴롭게 만드는 순간이 뭐였지? 아무래도 사랑할 사람이 없다는 걸 자각하게 만드는 모습을 마주할 때였던 것 같다. 사랑을 하고 싶었지만, 좋아하는 사람과 만날 때마다 연락이 끊어졌다. 난 늘 거절 당했다. 거절 당할 때마다 그 기분을 다시 느끼게 되면서 더 우울해졌다. 왜 난 똑같은 짓을 반복하는 걸까? 돌아보니 항상 대화가 문제였던 것 같다. 내 첫 인상을 나쁘게 받아들인 여자는 많지 않았다. 몇 번의 만남을 가지고 대화를 나누다 보면 늘 연락이 끊어졌다. 평소에 여자를 만날 순간도 있을까 말까인데 호감까지 덜컥 가져버리면

긴장이 돼서 말을 못하는 것 같다. 좋아하는 사람을 만나도 당당하게 행동하려면 뭘 해야 할까? 그냥 이런 순간을 한 10번만 더 경험하면 알아서 내성이 생겨서 더 당당해질 것도 같은데, 여자와 만남이 잦도록 대외 활동을 많이 해보자. 특히, 대화를 많이 해야만 활동할 수 있는 곳으로 가보자. 그럼 내가 말하기 싫어도 말해야만 하고, 말했을 때 여자들의 반응을 보면서 대화 능력도 향상되지 않을까? 여자가 적절한 곳에 있다 보면 소개받을 일도 많아지니까. 아무튼, 만남이 생길 확률이 높은 곳에서 자꾸 어슬렁거려보자.(중략)

저 글을 쓴 다음 날, 난 곧장 대학교의 한 동아리에 가입했다. 대외 활동도 하면서 여자들과 대화도 많이 나눴고, 재밌는 추억들도 잔뜩 쌓았다. 대화 능력이 월등히 올라가진 않았지만, 이전보다 더 작은 외로움을 느끼게 되었고, 외로움의 부담이 작았던 만큼 관계를 이어가는데 자신감이 더해져 조금씩 긍정적인 성과를 얻어오기 시작한다. 단번에 사귀진 못했고, 1~2번 만나고 끊어지던 썸이 3~4번 만나지기도 하고, 사귀기 직전까지 (지극히 주관적으로 생각했을 때) 갔다가 실패하기도 했다. 어느새 난 호감 가는 이성을 만나도 두려워하지 않고 즐기고 있었다. 더 시간이 지나자 나처럼 연애가 어려운 남자들에게 연애를 알려주는 유튜버가 되어 있었다. 썸을 타고, 연애를 하는 중간 중간에도 스스로의 상태를 적어가며 점검을 해왔기 때문이다.

혹시, 아까의 글에서 감정의 호소나 몰입이 느껴지는가? 내가 보기엔 거의 없는 것 같다. 그저 투박하게, 직관적이게, 그래서 뭐 어쩔 건지. 생각나는 대로 거침없이 적고 있다. 즉, 무언가를 정리한다는 건 그리 어려운 게 아니라는 뜻이다. 오히려 자신의 감정을 질서 있게 호소하고, 모두가 쉽게 공감할 수 있도록 글을 적는 게 훨씬 더 어렵다. 메타인지 글쓰기와 우울증을 극복하는 글쓰기의 공통점은 '생각나는 대로' 적어야 한다는 것이다. 묻고 답하고, 묻고 답하고의 반복이다. 묻고 또 묻고, 답하고 또 답해도 된다. 이 표현이 맞는 것 같은데, 저 표현이 맞는 것 같은데 하면서 복잡하게 생각하지 않아도 된다. 누구나 공감할 수 있게 표현하려다 정작 자신에게 맞는 해결책은 찾지 못하게 된다. 읽는 사람에게만 위로를 주고, 정작 자신은 치료하지 못하는 슬픈 상황을 마주할 수도 있다. '누가 내 글을 보든 말든 난 나에게 필요한 말만 적겠다.' 는 자기중심적 마인드로 적어야 한다.

사람이 적고 난 뒤에는 그것을 당장 실행에 옮기고 싶어진다. 생각만 하는 것이 아니라 이미 글을 적으면서 실행하고 있기 때문이다. 헬스장에 가는 게 어렵지, 일단 가게 되면 어떤 운동이든 하고 오게 된다. 이처럼 글도 일단 적고 나면, 이미 시작한 게 되어서 그날 하루만은 어설프게라도 시작한 일에 끝을 보게 된다. 만약, 만족감이 미비하거나, 다음날 또 시작하기가 귀찮아진다면 펜이라도 잡아보자. 지금 해야 할 일들을 적는 순간, 아까워서라도 움직이고 있는 자신을 보게 된다. 다음 글을 통해 외로움의 또 다른 대처도 살펴보자.

내가 관계에서 외로움을 느꼈던 순간은 언제일까? 친구나 지인에게 시간과 마음을 줬는데, 균등하게 돌려받지 못했다고 느낄 때 참 외로웠던 것 같다. 이런 순간을 느끼지 않으려면 내가 어떻게 해야 할까? 마음에 든다고 다 퍼주려는 마음을 통제하는 연습을 하자. 당장 나와 친해진 사람이 실망할 수 있어도 그게 더 건강한 관계를 만들 확률이 높은 것 같다. 그리고 기대하지 말자. 내가 배려한 만큼 균등하게 돌아올 거라는 기대를 하지 말자. 보답을 바라지 않아야 그게 진짜 배려다. 당장에는 어렵겠지만, 이 부분을 염두하면서 계속 배려하는 연습을 해보자. 기대가 없으면 실망할 일도 없다. 기대하지 않았는데 생각지 못한 큰 배려를 받았을 때 기분이 더 좋아진다. 그 사람의 좋은 면들을 더 많이 보게 된다. 마음 좀 통했다고 대뜸 다 보여주거나 내어주지 말자. 상대방에겐 내가 건넨 시간과 마음이 불충분할 수 있지만, 나 또한 상대에게 기대는 없으니 나쁘지 않은 교환이다. 그런데, 불충분함을 느끼면서도 한 아름 더 내어주는 사람에겐 진심으로 존중하고 잘해드리자.(중략)

외로움이 사랑하는 사람을 만나지 못하는 상황에서만 나타날까? 당연히 아니다. 외로움은 아침에 일어나 잠들 때까지 만났던 모든 관계에서 크고 작은 모습으로 나타난다. 난 사랑 외적인 외로움도 이렇게 정리해둔 덕분에 관계에서 오는 부담감이 훨씬 가벼워졌다. 실망이나 오해가 발생할 일도 줄어들었다. 저 글대로 적용하고 연습해간 덕분에 새로운 사람들을 만나도 원만하고 건강한 관계를 유지해갈 수 있게 되었다. 저렇게 깔끔한 정리가 나오기 전에 무작정 적어버린 글도 많았다. 단순히 관계에 대한 회의감에만 집중해 적기도 하고, 시간과 마음을 이용한 사람들에 대한 비난만을 적기도 했다. 그런 글들을 적어갈 때마다 속은 한결 가벼워졌지만,

모두 일시적인 속 트임에 불과했다. 다시 똑같은 관계를 반복하며 외로움에 빠지곤 했다. 관계의 외로움이 우울감에 중첩되지 않으려면 장기적인 개선이 이루어져야 한다.

그리고 외로움이 쌓일 때마다 적어서 덜어내고, 응축했다가 또 덜어내는 건 너무 힘들지 않을까? 그런 순환을 즐기는 예술가도 더러 있지만, 난 그쪽 취향이 아니다. 아예 덜어낼 일이 없도록 하는 쪽이다. 맨날 외롭다가 어쩌다 따끈한 썸을 겪고선 "앗! 나에게도 이런 일이! 역시 희망은 있었어!" 하면서 만족하는 모습은 싫다. 매일 평화롭다가 간혹 외로움을 느끼면서 "아~ 오늘은 좀 외롭네. 이래서 평소에 감사하며 살아야 된다니깐~" 하면서 여유 부리며 웃는 삶을 원한다. 어느 감정이든 완전히 사라지는 것은 자신을 위해서도 좋지 않다. 자신에게 딱 필요한 만큼 받아들이며 사는 것이 축복이 아닐까 싶다. 외로움. 우리는 그것을 완벽하게 통제할 순 없지만, 완벽에 가깝게 통제하며 살아갈 수는 있다.

후회

'후회'라는 감정 또한 우울증에 지대한 영향을 미친다. 외로움만큼이나 강력한 부가효과를 발휘한다고 감히 말해본다. 후회라는 개념에 대해 깊이 생각해본 사람이 있을까? 드물지 않을까 싶다. 어학 사전에는 '후회'라는 뜻을 '이전의 잘못을 깨우치고 뉘우침'이라고 정의하지만, 내가 적어왔던 후회는 달랐다. 후회란 잘못을 뉘우치긴 했지만, '뉘우친 후에 무엇을 해야 할지 모르는 상태'를 말하는 것 같다. 더 쉽게 말하면, '두 번 다시 겪고 싶진 않은데, 방법을 모를 때'가 아닐까? 세상엔 수많은 사람이 후회하던 모습과 기억을 다시 반복하곤 한다. 똑같이 후회를 겪지 않으려면 어떻게 해야 하는지 대응책을 마련하지 않았기 때문이다.

나는 살면서 한 번만 후회하는 사람을 본 적이 없다. 한 번 사기를 당해봤던 사람이 무조건 두 번 당하고, 바람을 한 번 맞았던 사람이 무조건 두 번 바람을 맞는다. 다시는 이런 성격의 여자와 연애하지 않겠다고 다짐한 남자들은 너무나 똑같은 성격의 여자와 연애를 한다. 이렇듯, 다시는 겪고 싶지 않았던 순간을 다시 마주하면 어떤 기분에 휩싸이게 될까? 어떻게 되긴, 우울하기 딱 좋은 상태가 되는 것이다. 우울이란 녀석은 자기가 침투해 지배하기 좋은 순간을 예리하게 분별한다.

다행히 난 글을 적어서 나와 합이 잘 맞을 수밖에 없는 여자의 성격을 분별할 수 있게 되었다. 덕분에 지금까지도 달콤한 연애를 이어가고 있다. 조금 아쉬운 점은 글의 힘을 뒤늦게 깨달아 바람을 두 번이나 맞고서야 적어갔다는 것이다. 그래도 바람을 세 번 맞기 전에 적어서 다행이다. 나 외에도 얼마나 많은 사람이 두 번이 아닌 세 번, 네 번 후회를 반복하고 있을까? 한 남자의 구슬픈 연애 사연을 읽어보면서 '감정에 몰입해 공감을 유발하는 글'과 '자신의 삶을 개선하기 위해서만 쓴 글'을 다시 한 번 분별해보자. 내가 연애를 자꾸 예시로 드는 이유는 각자 살아온 배경이 다르더라도 누구나 쉽게 공감할 수 있는 부분이기 때문이다.

바람이 깃든 마음. 사랑했던 남녀가 왜 바람을 피우는 것일까? 그리고 왜 '바람'을 핀다고 표현하는 것일까? 슬픈 현실이 늘 그렇듯, 연인 간의 사이도 시간이 흐를수록 서로 간의 배려와 관심이 허술해지는 것이 대부분이다. 어느 누가 사랑받기를 마다할까? 자신을 향한 연인의 눈과 귀가 멀어질 때, 우리는 가끔 다른 쪽을 바라보기도 하고, 다른 쪽이 나를 바라보는 걸 느끼면서 자신이 이성에게 끼치는 영향을 알아가게 된다. 과연, 자신이 이성에게 미치는 영향력은 어디까지일까? 그리고 얼마나 나를 향하게 만들 수 있을까? 새빨간 호기심이 피어난다. 어떤 이는 그 호기심에 이끌려 누군가를 곁에 둔 채 따라가기도 하고, 어떤 이는 더 깊은 사랑이 될지도 모를 기회를 외면하고서 호기심을 누르기도 한다. '끌림' 그것은 순수한 본질이자 욕망이다. 우리는 그 순수한 본질을 인내하고, 조절하면서 마음의 형태를 빚어가고 스스로 존재감을 갖춰가는 게 아닐까? 살아가며 붙들고 지켜온 그 평범한 마음은 누구에게나 있는 것 같지만, 어떤 이들은 한 번도 품어보지 못한 마음일 수 있다. 바람처럼 말이다. 왜 하필 '바람'이라 불렀을까? 바람에는 형태가 없다. 높낮이와 깊이를 가늠할 수 없고, 무언가를 날려버리거나 스쳐 갈 순 있어도, 물처럼 섬세하게 스며들 수 없고, 불처럼 따스하게 타오를 수 없으며, 빛처럼 환히 밝힐 수 없고, 어둠처럼 고요히 드리울 수 없다. 모든 속성에는 각자의 색과 형태가 있다. 하지만, 바람은 아니다. 색과 형태가 없다. 자신의 중심을 지키지 못하고 살아온 사람들의 마음은 바람처럼 무형으로 변하는 것이 아닐까? 때문에 너무도 쉽게 물들고 흔들거려 이런 자신에게 형태를 입혀줄 누군가를 찾아 평생 떠도는 게 아닐까? 우리가 지켜온 것은 바람이었을까? 아님, 흔들리지 않는 그 무엇이었을까?

이 글은 전형적인 '감정 몰입형' 글이다. 똑같이 바람을 맞아봤던 사람이라면, 남자가 아닌 여자에게도 나름의 공감을 줄 수 있는 글이라고 본다. 그들이 바람을 왜 피웠을지 짐작 정도는 해볼 수 있는 글이지만, 그런 부도덕한 마음을 가진 사람을 분별할 수 있도록 만들어주진 않는다. 이성을 만날 때 어떤 면들을 주시해야 하는지, 어떤 특징이 많을수록 바람피울 확률이 높은지 알려주지 않는다. 글을 적으면서 마음의 응어리야 덜어냈겠지만, 저 글만 적었을 때 과연 저 남자가 바람을 또 맞지 않을지는 의문이다. 더불어 그런 사람을 분별할 안목이 갖춰졌을지도 의문이다. 글의 당사자인 나는 당연히 연애적으로 발전하지 못했다. 저 글을 적은 뒤에도 그저 바람을 맞았었다는 충격에 빠져 술이나 마시며 친구들에게 푸념했다. 푸념하는 것도 모자라 여자들은 전부 나쁜 가치관을 가졌다며 일반화하기 바빴다.

아마 누군가는 저렇게 글을 쓰고도 자신만의 교훈을 얻어 다음 연애를 올바르게 풀어갔을 수도 있다. 중요한 건, 난 그렇게 순탄히 풀어간 사람들과 다르다는 것이다. 당신도 그렇지 않은가? 아니면, 한 번의 경험만으로도 충분히 모든 걸 분별하고 설명해낼 수 있는가? 지금 자신의 삶이 무엇 하나 순탄치 않다면, 그건 자신이 못나거나 무능해서가 아니다. 자신만이 알아가는 순서와 방식을 모르고 있기 때문이다. 자신이기에 더 빨리 적응할 수 있는 순서와 방식을 알게 되면, 이해와 응용력이 비약적으로 상승한다. 24살이 되어서야 모솔을 탈출한 모자란 남자는 고작 몇 장의 기록 덕분에 자신에게 어울리는 안정적인 사랑을 이어가게 된다. 남자는 그 이후에도 다른 글들을 적어감으로서 다양한 후회의 중첩을 모면해낸다. 남자가 자신의 문제점을 개선하기 위해 적어간 과정을 살펴보자.

바람을 맞는 것도, 바람필 여지가 있는 여자를 만나는 것도 지긋지긋하다. 평생 바람만 맞고 끝날 순 없다. 그래도 덜 억울한 게 있다면 친구나 지인들도 꽤 바람을 맞았다는 거다. 바람을 피우는 여자들은 어떤 특징이 있었지? 아주 사소한 일에도 끊임없이 인정을 바라던 기억이 난다. 충분히 누구나 할 수 있는 일인데도 그것을 과하게 포장해서 인정받길 원했다. 조금이라도 자기가 잘한 행동이 있으면 알아주고 띄워주길 원했다. 아마 스스로가 인정할 만큼 무언가를 열심히 해본 적이 없어서 그랬던 것 같다. 어떤 분야든 어느 정도 성과가 쌓이고, 실력이 생기면 내가 신경 쓰지 않아도 남들이 수시로 인정해줘서 오히려 겸손해진다. 그 여자들은 어떤 부분도 만족할 만큼 임계점을 넘어보지 못해 인정받을 대상을 다수에서 남자친구 한 사람에게 향했던 것 같다. 한 사람이 한 사람을 매 순간 끊임없이 지켜보며 인정해주는 건 사실상 불가능하다. 한계가 있다. 작은 노력으로 오직 한 사람에게만 큰 인정을 바라니 남자가 지쳐가는 건 당연한 일이다. 그러다 내 인정이 모자라게 느껴지고 불충분한 순간이 많아지면, 나보다 더 많이 인정을 해주는 남자에게 마음이 기울기 시작하는 것 같다. 특히나 얼굴이 예쁠수록 자신을 가꾸고 발전하는 일보다 나 좋다는 남자 하나 사귀어 손쉽게 인정받고 살아가는 쪽이 훨씬 편하니까. 앞으로 너무 사사로운 일들에 인정을 바라는 여자는 되도록 조심하는 게 좋겠다. 또 어떤 특징이 있을까? (중략)

　지극히 주관적인 추측이니 불편하게 느껴지는 말들은 이해해주길 바란다. 혹여나 내용이 공감 가고 더 궁금하다면 내 유튜브 채널에서 더 많은 정보를 들어보길 권한다. 이번 글은 앞에 봤던 감정 몰입형 글과 다른 부분이 많다. 호소적인 표현이나 비유 따위 없이 바람을 안 맞으려면 무엇을 경계해야 하고, 무엇을 필요로 해야 하는지, 꼭 알아둬야 할 부분만 명확히 파악해가고 있다. 마치 상사에게 올리는 보고서처럼 간결하게 적어간다. 적어가다 보니 정말 많은 특징과 연관성을 알게 되어서 다시는 바람맞을 일이 없게 되었다. 약간의 눈빛과 몇 마디 말만 들어도 바람필 여자를 분별할 수 있게 되었다. 친구의 여자친구가 무조건 바람 피게 될 거라는 사실을 친구보다 빨리 파악하게 돼서 친구를 보는 게 괜히 불편해질 때도 있었다. 이처럼 감정 몰입형 글은 자신의 표현력과 공감의 범위를 넓혀주지만, 사실에 기반한 글은 표현력이나 다수의 공감보다는 자신만을 위한 현실적인 조언들로 분별력과 안목을 높여준다.

감정에 몰입하는 글과 사실에 기반하는 글. 둘 중 어느 하나가 뛰어나거나 부족하다는 게 아니다. 모두 필요한 부분이고 유용한 글쓰기다. 어쩌면, 가장 훌륭한 글이란 이 두 가지 방식이 골고루 묻어나는 글이 아닐까 싶다. 다만, 우울증을 극복하기 위해 글을 쓰고 싶다면, 꼭 사실에 기반한 글들을 최대한 적어가길 바란다. 목적에 맞게 쓰자는 뜻이다. 물론, 감정에 몰입한 글도 일시적인 안정과 위로를 가져다줄 것이다. 단, 그러한 글쓰기만 반복하게 되면 더 큰 위험을 초래할 수 있다는 점을 명시하고, 개선과 해결을 위한 글도 꼭 적어보길 바란다. 내가 바람을 맞았던 경험은 여러 가지 후회의 경험 중 사소한 한 가지일 뿐이다. 우리는 사랑뿐만이 아니라 관계에서, 일상에서, 어디에 있든 후회를 접하며 살아간다. 기억마다 후회의 크기도 틀리다. 마주하기 쉬운 작은 후회부터 천천히 정리해보면 어떨까? 처음엔 귀찮을지 몰라도 적어갈 때마다 우울함이 후회 사이로 끼어들 틈들이 점점 좁아질 것이다.

모순

    우리는 살아가면서 수많은 모순을 접하게 된다. 거짓말을 하지 말라고 했지만, 사회생활을 하다 보면 거짓말을 해야만 하는 상황이 있고, 폭력은 나쁜 것이지만, 자녀의 심각한 잘못을 일깨워주고자 순간적으로 폭력을 써야만 하는 순간도 있고, 상처를 주는 건 잘못된 행동이지만, 직원의 실수를 줄이기 위해 크게 질책하는 사장도 있으며, 헤어짐이 서로를 아프고 힘들게 하지만, 이별해야만 하는 순간도 있다. 당연하게 여겨오던 이치나 윤리를 어겨야만 하는 순간들이 비일비재하다. 물론, 법을 위반하는 중범죄의 어긋남은 처벌을 받는 게 맞지만, 대부분 법에 위반되지 않으면서도 충분히 큰 상처를 줄 수 있는 모순을 접하게 된다는 게 문제다.

    글을 적다가 문득, 모순에도 크기가 있다는 걸 알게 되었다. 그 크기에 따라 얻어갈 수 있는 교훈도 천차만별이다. 그 모순의 크기가 자신에게 적당하거나 작으면 약간의 부담만으로 갖가지 교훈과 대응 방법을 얻을 수 있지만, 자신이 감당하지 못할 크기의 모순을 접하게 되면 혼란에 빠져 큰 트라우마가 남게 된다. 충격의 여파로 모순이 발생하지 않았는데도 불안과 우울에 시달리게 된다. 사람마다 모순을 받아들이는 기준이 틀리다. 나의 작은 말이 누군가에겐 큰 상처가 될 수 있듯, 아무리 사소한 모순도 상황과 사람에 따라 극명한 결과가 나타난다. 그리고 우울은 이 혼란스러운 순간을 놓치지 않는다. 모순을 견디지 못해 트라우마에 빠진 사람만큼 우울이 지배하기 딱 좋은 상태도 없다. 모순은 일상 속에 흔하면서도 흔치 않은 찰나의 순간에 발생하다 보니 정리하지 않고 그러려니 흘려보낼 때가 많다.

내가 관찰한 바로 사람은 자신이 겪은 모순과 자신이 저지른 모순에 근거해 합리적 판단의 기준을 두게 된다. 예를 들어 상처를 주면 안 된다는 걸 알면서도 직원의 실수를 줄이고자 크게 꾸짖어본 사장은 직원의 반응을 보면서 다음 질책의 강도를 조절한다. 지금 헤어지면 미치도록 힘들다는 걸 알면서도 이별해봤던 사람이 다음 만남을 더 소중하고 신중하게 성찰하며 이끌어 간다. 지금까지 보여줬던 과거의 글도 큰 틀에서 본 다양한 모순의 파편들이라 할 수 있겠다. 모든 모순을 다 정리하면 좋겠지만, 우리에겐 시간이 많지 않다. 다들 각자의 일정으로 바쁘지 않은가? 나처럼 모조리 적어가다 우연히 1~2개 발견할 일이 없도록 핵심적이고 유용한 교훈만을 소개한다. 나에게 뭔가를 줄 수 있는 모순들을 정리하고 나면, 나의 시간과 감정을 지켜내면서 더 편안하게 합리적인 판단을 내릴 수 있다.

우리에겐 그러려니 흘려보냈던 모순이 얼마나 많을까? 그 모순 중에 내 삶에 큰 기준이 되었던 모순은 무엇일까? 물론, 세상엔 꼭 적어서 정리하지 않아도 교훈을 얻어 잘 활용하고 있는 사람도 있겠지만, 적지 않아서 낭패를 보는 사람들이 더 많다는 게 사실이다. 적지 않아서 활용하지 못했던 귀중한 정보와 교훈을 발굴해보자. 만약, 우울함이 잦다면 내 안에 감당할 수 없을 만큼의 모순이 가득하다는 증거다. 펜과 종이로 내 안을 차지하고 있던 모순들을 끄집어 내보자. 갑자기 시작하기엔 어려울 수 있으니 내가 풀어쓴 모순의 정리를 보며 감을 잡아보자.

'죽고 싶다.' 내가 아버지를 재활하며 가장 많이 들었던 말이다. '내 좀 죽여라.' 두 번째로 많이 들었던 말이다. 사람의 신경이란 대체 어떤 구조이길래 스스로 죽지도 못하게끔 만들어 강제로 살아가게 한단 말인가? 무책임하게 생을 떠넘기는 아버지의 말에 원망이 차오르다가도 머리에 앉은 파리조차 스스로 떼어낼 수 없는 아버지의 모습을 떠올려본다. 입장이 바뀌었다면 나 또한 그렇게 말했을까? 두려웠다. 스스로 움직일 수 있는 것이라곤 오직 입뿐인데, 그 외에 모든 신체는 쓸 수 없는 채로 가지고만 있으니 차오르는 모든 분노가 입으로 쏟아지는 건 당연한 현상일까? 우리는 굳이 말을 안 해도 운동으로, 글로, 그림으로 원하는 것들을 수행함으로 울분을 떨쳐낼 수 있다.

그런데, 그 모든 수단이 사라지면 어찌해야 할까? 덩그러니 남은 정신이 과연 그것을 전부 버텨낼 수 있을까? 버텨낼 수 없다. 그래, 아버지는 가끔, 정신이 무너지는 것이다. 그럴 수밖에 없는 것이다. 이 잔혹한 현실을 인지하면서도 내 나약한 마음은 아버지의 독설에 반응해 똑같이 상처를 입히고 모욕했다. 이제부터 그만하자. 아버지를 모욕하는 일은 그만하자. 아버지는 여전히, 가끔, 무너지며 나를 깎아내리지만, 아프다고 생각하지 말자. 오늘 새벽도 아버지는 분명 나에게 말할 것이다. "죽고 싶다. 제발 내 좀 죽여도." 하지만, 난 이제 그 말 뒤에 가려진 뜻을 확실히 알아둬야 한다. '죽고 싶다.'는 말은 사실, 죽고 싶지만 '어떻게든 잘 살아내고 싶다.' 는 말이라는 걸. (중략)

당신이 내가 겪어온 모순을 어떻게 받아들였을지 모르겠다. 혼자선 살아갈 수도 없는 몸으로 살아가게 된 아버지. 평생을 누군가의 도움으로 살아가야만 하는 아버지. 그리고 그 곁을 평생 보호해야만 하는 가족들. 강압적인 아버지의 교육 방식이 싫어 성인이 되면 아버지 곁을 떠나고 싶었지만, 떠날 수 없게 되었다. 억지로 함께 부대끼며 살아갔지만, 서로의 사이는 더욱 악화 되어갔다. 난 내가 개선할 수 있는' 부분들을 분별해내지 못하고 점점 어리석은 선택과 행동을 반복해갔다. 저 당시에 내 사고는 넓어지지 못하고 자꾸만 고립되어 갔다. 내 삶에 아직 이보다 큰 모순의 시기는 없었다. 자식으로서 아픈 부모를 간호하는 게 마땅하지만, 사실, 그런 윤리나 도덕심은 구석에 박아버리고 싶은 순간들이 너무나 많았다. 자식에게 할 말이 아니라는 걸 알면서도 구박하던 아버지. 부모에게 할 말이 아니라는 걸 알면서도 맞받아치던 나. 내가 글을 쓰지 않았다면 지금까지도 아버지와 모욕을 주고받으며 여전히 갈등을 되풀이하고 있었을 거라고 장담한다.

글을 가까이하기 전까진 그런 아버지의 모습을 원망하고 탓하기만 했다. 나의 어리석은 모습들은 성찰하지 못한 채 아버지를 똑같이 욕하며 패륜을 저질렀다. 아버지와 나 사이의 모순들을 하나하나 정리해갈수록 미흡했던 나의 태도와 처세를 돌아보게 되었고, 미흡한 대처가 또 발생하면 어떤 식으로 대응할지 다시 정리해가기 시작했다. 결국, 아버지와 나의 갈등은 더욱 줄어들어 갔다. 무엇보다 그 시기에 한창 불안하던 내 마음은 너무나 고요하고 편안해졌다. 글을 멀리하던 시기에는 아버지를 재활하기 전부터 언제 어디서 어떻게 벌어질지 모르는 갈등에 늘 예민했다. 신경이 날카로워져 충분히 넘어갈 수 있는 언질에도 불같이 화를 내곤 했다. 그러나 지금은 전혀 동요하지 않는다. 아버지를 간호하며 어떤 상황이 발생하더라도 그에 따른 대응 방법이 마음속에 다 있기 때문이다.

우리의 모순은 가족 간에도 자주 발생한다. 특히, 나처럼 일반적인 모습에서 멀어진 가정일수록 더 자주 발생한다. 부모님의 말씀을 최대한 존중하고 수용해야 한다고 배웠지만, 그런 윤리를 어기고 내 주장을 강력히 해야 하는 순간들도 종종 발생한다. 진로와 연애 등이 대표적이다. 한 세대를 먼저 살아왔던 부모님 입장에선 자식들이 자신이 권하는 순서로 나아가길 원하지만, 자식은 가고 싶은 방향과 순서가 다를 때가 정말 많다. 바로 이런 순간에 부모님을 존중해야 한다는 윤리를 무너뜨리고 자기주장을 강력히 피력하는 자식이 얼마나 있을까? 우리의 일상에서도 모순에 맞서는 사람은 드물다. 그냥 맞서는 것도 참 어려운 일인데, 자기 뜻을 논리적으로 설득력 있게 풀어 말하는 사람은 얼마나 될까? 많지 않다. 그렇기에 부모님의 말씀대로 진로를 정했다가 적성에 맞지 않아 성인이 다 되어 부모님 탓만 하는 사람들을 난 정말 많이 봐왔다.

　물론, 세상에는 부모님의 반대에도 자신의 선택과 결정으로 주체적인 삶을 살아가는 사람들도 많다. 반대로, 자신의 선택과 결정을 믿었다가 낭패를 보고 부모님 말씀을 귀담아들었어야 했다며 후회하는 사람도 많다. 개인적으로 자신의 상황이 어떻게 치닫든 부모님 탓하는 걸 난 굉장히 안 좋아한다. 물론, 탓하는 게 정당한 입장인 사람들도 있다. 난 모든 사람을 대변할 수 없다. 그냥 내가 과거에 질리도록 부모 탓을 했기 때문이다. 자신이 마주해온 모순을 성찰하지 못할수록 합리적인 기준점은 약해지고 물렁물렁해진다. 강력히 주장해야만 하는 상황에서도 어영부영 넘어가게 되어 결국, 어느 곳에서도 자신의 입지를 드러낼 수 없게 된다. 우울은 자신의 입지가 분명치 않은 사람을 굉장히 좋아한다. 꿰찰 공간이 널렸기 때문이다.

　일상의 모순에 현명히 대처하지 못할수록 언제 발생할지 모르는 모순들에 부담과 두려움을 느끼게 된다. 난처한 상황들에 압박감을 자주 느낄수록 우울이 침투할 여지도 넓어진다. 우울에게 여지를 주어선 안 된다. 다양한 상황에도 자신의 주관이 뚜렷하게 담긴 합리적 판단을 내릴 수 있도록 이제껏 접해왔던 모순을 적어보자. 모순은 꼭 부모님만이 아닌 친구와 연인, 직장과 업무 등 우리의 일상 곳곳에서 발생한다. 그중 나에게 큰 영향을 주었던 모순은 무엇이었을까? 쇠약해지거나 죽지 않는 이상 완전히 잊혀지는 기억 따윈 없다. 조금 흐릿하고 불분명할 뿐이다. 끄집어내 적어갈수록 흐릿했던 기억은 점점 분명해져 미처 생각지 못했던 나만의 기준점을 제시해줄 것이다. 조용히 나를 어지럽히던 모순을 방치해선 안 된다.

우울의 세계

내가 적어둔 단편 소설 중 '우울의 세계'라는 이야기가 있다. 소설에선 '암흑계'의 암흑들이 품번을 가지고 다양한 성격과 생명체로 묘사된다. 소설에 나오는 '암흑'들은 인간계의 사람들에게 10년에 5번씩 불행을 건넬 수 있는데, 불행을 겪은 인간들이 어리석은 선택을 반복해 삶이 우울해질수록 암흑은 수명을 얻는다. 반대로, 불행을 겪은 인간이 그 불행을 원동력으로 더 발전하고 성장할수록 암흑은 수명이 줄어든다. 여기서 중요한 건 '불행의 강도 조절'이다. 너무 거대한 불행을 줘서 인간이 그걸 견디지 못하고 70살 이전에 죽음을 선택하면, 그건 영원한 안식을 준 것으로 인식되어 암흑도 함께 소멸한다. 즉, 암흑은 인간들이 버텨낼 순 없지만, 그렇다고 죽고 싶지는 않은. 적절한 불행을 잘 전달해야만 영생할 수 있는 것이다.

소설의 주인공인 '암흑1123번'은 연이은 강도 조절 실패로 수명이 얼마 남지 않은 상태다. 한 번밖에 남지 않은 불행을 신중히 쓰기 위해 암흑1123번은 암흑계에서 가장 길게 살아온 세 명의 원로들을 만나기 시작한다. 암흑1123번은 그동안의 실패가 불행의 강도 조절 때문이라고 여겨 왔지만, 원로들의 조언을 들으며 자신이 틀렸다는 걸 깨닫게 된다. 암흑은 원로들을 따라다니며 인간에게 불행을 주입하기 전 관찰하는 요점이 무엇인지 배워간다. 그리고 원로들이 인간들에게 불행을 적용해왔던 적절한 구간들을 보며 중요한 건 강도 조절이 아닌 불행을 주입하는 '타이밍'이라는 걸 깨닫는다. 이를 깨달은 암흑1123번은 마지막 남은 한 번의 기회를 가지고 평소에 주시하고 있던 인간에게 다가간다.

개인적으로 난 우울이란 감정이 내면에서 일어나기도 하지만, 외부에서 주입된다는 느낌을 더 많이 받는다. 아무런 문제없이 일상을 보내다 우리가 외로울 때, 후회하고 있을 때, 모순을 접할 때 순식간에 찾아와 마음을 어지럽힌다. 이런 야비한 우울이 접근하기 딱 좋은 순간이 언제일까? '혼자선 감당하기 어려운 불행을 마주했을 때'라고 생각한다. 불행은 누구에게나 발생한다. 불행을 겪는 상황도 크기도 다르다. 치우지 않은 개똥을 밟아 기분은 나쁘지만, 나중엔 그냥 웃고 넘어갈 수 있는 불행이 있고, 나처럼 가족 중 누군가 교통사고로 신체의 기능을 전부 잃어버려 영원히 웃어넘길 수 없는 불행도 있다. 불행은 예측 불가능하고 절대 막을 수 없다. 오로지 불행해진 이후의 선택만이 남아있을 뿐이다.

누군가는 그 불행마저 겸허히 수용해 발전의 원동력으로 삼는가 하면, 누군가는 수용하지 못해 부정적인 행동과 생각의 원동력으로 삼기도 한다. 불행만큼 자신의 어리석은 선택에 확실한 명분을 제공해주는 것이 없다. 나의 과거가 그러했다. 난 목표를 지켜내지 못할 때면 항상 그 원인을 다친 아버지의 탓으로 돌리곤 했다. 실제로 아버지의 재활을 위해 내 시간을 들여가며 하루를 보냈기에 변명은 갈수록 힘이 붙는다. 들이닥친 불행의 크기가 클수록 불행을 빌미로 어리석음을 합리화할 여지도 넓어진다.

사랑하는 여자와 오래 만나지 못하는 이유는 밤마다 아버지가 아프기 때문이다. 아버지를 간병하느라 힘이 다 빠져 남는 시간에는 내 일에 집중할 수도 없다. 무언가 창작하고 싶어도 잠시 아버지를 간병하고 오면 영감이 다 사라져 이어갈 수 없다. 아버지가 사고로 다치지만 않았다면 이런 문제들은 애초에 없었을 것이고, 내가 계획한 일들은 전부 순탄하게 이뤄냈을 것이다. 난 어느새 해내지 못하거나 감당하지 못했던 모든 순간을 20살의 불행한 사건과 연관 짓고 있었다. 이미 그 불행을 딛고 일어날 만큼 충분한 시간이 주어졌음에도 난 여전히 변하지 못하고 있었다. 아니, 변하지 않고 있었다.

특히, 나처럼 가족 중 한 사람이 거대한 불행을 겪거나, 태어날 때부터 불행한 가정사를 지닌 채 자라온 사람들은 이 강박에서 벗어나기가 쉽지 않다. 개인 가정사이기에 누군가 함부로 조언하기도 어려워 핑계라며 꾸짖기보다 잠시라도 힘을 주고자 그게 변명인 걸 알면서도 공감을 해주고 위로를 하게 된다. 자신의 성장이 아닌 변명에 공감해주는 사람이 많아질수록 극복해야 할 이유보다 극복하지 못할 이유들이 많아지는 것이다.

불행을 빌미로 자신의 행보를 합리화하며 주저앉은 이 절묘한 순간에 우울이 찾아오지 않을 수 있을까? 반드시 찾아온다. 놓치지 않는다! 우울은 삶을 개선하고픈 '저항 의지'가 약할수록 더 강력해지는데, 저항하지 않아도 되는 이유가 충만해진 사람은 우울에게 그야말로 최상의 진수성찬인 것이다. 그래서 우울증을 극복하기 위해선 자신에게 들이닥쳤던 큰 불행들에 대해 어떤 태도들 취할지 반드시 정리해둬야 한다. 이미 오래된 큰 불행이라도 지금의 내게 어떤 영향을 미치고 있는지 알아둘 필요가 있다. 이제껏 언급했던 다양한 감정들은 우리가 적어서 통제할 수 있는 부분이었지만, 불행은 우리가 통제할 수 있는 것이 아니다. 예측도 불가능하기 때문이다. 불행이 주어졌을 때 어떻게 받아들이고 해석할지만 정할 수 있다. 다음 글은 언젠가 다가올 불행에 대한 내 주관적 태도를 정리한 글이다. 이 글을 읽어 보며 자신은 불행에 대해 어떻게 태도 할지 생각해보자.

뜻하지 않게 크고 작은 불행과 조우하며 알게 된 것이 있다. 불행은 사람을 가린다는 것이다. 그 간사한 녀석은 자신이 집어삼킬 수 없을 것 같은 대상에겐 쉽사리 접근하지 않는다. 이를테면, 꿈을 이룬 청년이나 유망한 사업가, 부유한 계층, 이미 역경을 극복하고 성공 가도를 달리는 자들에게 불행은 무력하다. 불행은 철저히 약자를 공략한다. 자신이 정한 일을 해내지 못하고, 지켜내지 못해 무너져가는 사람의 마음에 뿌리를 심는다. 지금 내가 불행하다고 느낀다면 난 분명 더 불행해지겠지. 그건 불행이 바라는 일이니까. 이 짜증 나는 불행은 예측도 불가능하고 피할 수도 없다. 언제나 우리가 손쓸 수 없는 범위에서 찾아온다. 그러니 마주했을 때 보여주는 거다. 지독하게 불행해져도 나를 이끄는 일들을 찾아서 움직여야 한다. 나를 기쁘게 하는 일들을 끝까지 찾아 나서야 한다. 포기하지 않고 끊임없이 저항해야 한다. 끝까지 싸워야 한다. 나를 꿰찰 수 있을 거라고 찾아온 불행이 기겁하고 달아나버릴 만큼 보여줘야 한다. '아, 이놈은 절대 불행해질 수 있는 인간이 아니구나.' 하고 단념하게 만들어야 한다. 나를 약하다고 단정 짓고 찾아온 불행에게 본때를 보여줘야 한다!

지금까지 봐왔던 메타인지 글쓰기와 조금 다른 점이 있다면 불행에 대한 글들은 '태도'에 한정되어 있다는 것이다. 통제하거나 개선하려는 게 아니다. 나 같은 경우, 불행을 하나의 생명처럼 대하며 그 생명체에게 절대 굴복하지 않겠다고 맹세하듯 글을 적었다. 저것이 내 안에서 나온 최고의 선택이다. 저 글을 적고 얼마 지나지 않아 내 삶엔 또 여러 차례의 불행이 찾아왔다. 아버지가 사고로 건강을 잃었던 순간보다 더 강력한 불행도 찾아왔다. 신기하게도 난 좌절하거나 절망하지 않았다. 예전 같았으면, 역시 내 삶은 절대 풀리지 않는 불행한 삶이라며 우울에 빠져 자책하고 있었을 것이다. 가장 존경했던 작은 큰아버지가 불의의 사고로 돌아가셨을 때도 난 슬퍼하되 우울에 빠져 좌절하지 않았다. 놀랍게도 난 의지를 곱씹으며 독기를 갈고 있었다. 내가 원하는 모습을 위해 오늘 집에 가서 내가 무엇을 해야 하는지 되뇌이고 있었다. 그리고 언제 어떻게 다가올지 모를 불행에게 '어디 한 번 끝까지 건드려 봐라. 내가 죽든지 말든지 난 끝까지 간다.'라며 속으로 다짐하고 있었다. 예전에는 상상조차 할 수 없었던 모습이 내 안에 자리 잡고 있었다.

당신이 불행을 대하는 태도는 무엇일까? 아직 거대한 불행을 겪어보지 않았던 사람으로선 굳이 상상해야 할까 싶기도 하고, 나처럼 큰 불행을 겪거나 더 큰 불행을 겪어봤던 사람이라면 공감을 줄 수 있지 않을까 싶다. 자신의 태도를 정리하다 보면 현재 내게 주어진 이 상황에서 내가 무엇을 어떻게 하고 싶은지 알게 된다. 처음엔 나도 방법을 몰라 안 좋은 일이 일어날 때마다 늘 주변과 상황을 탓했다. 저렇게 다짐하듯 적어둔 뒤로는 어떤 일이 들이닥쳐도 침착하게 대처하게 되었다. 잘 대처했던 경험들은 자신감의 근거가 되어 나를 더 당당하고 여유로운 사람으로 만든다. 안 적어서 손해 볼 것이 없다고 본다. 난 이기적인 사람이다. 확실한 이득이 있어야 움직이는 사람이다. 시도해서 손해만 보는 행동은 별로 좋아하지 않는다.

불행하지 않은 사람이 과연 있을까? 저마다 불행의 크기와 무게가 틀리다. 불행이 찾아온 사연마저 가지각색이다. 자신의 이야기를 자신이 가장 잘 알고 있듯, 자신에게 찾아온 불행도 어떻게 해야 할지는 본인이 가장 잘 알고 있다. 내가 적어온 삶의 방향은 누군가 알려준 것이 아니다. 모두 나의 안에서 나온 생각들이었다. 내 안의 부정적 요인들을 정리해갈수록 마음의 중심은 더욱 견고해진다. 우울이란 감정은 내부에 존재하기도 하지만, 하나의 생명처럼 '외부'에 더 많이 존재하는 게 아닐까? 이 외부의 우울은 우리가 외로울 때, 후회할 때, 모순을 접하고 괴로워할 때, 불행할 때마다 찾아와 바이러스처럼 온 신경을 지배하려 든다. 이 얍삽한 우울에게 내 주체성을 내어주지 말자. 모든 외로움과 모순, 후회와 불행을 정리해 우울이 접근할 틈조차 없는 견고한 마음. 그것이 진정한 '우울의 천적'이 아닐까?

제5장
앞으로 어떻게 살 것인가?

큰 틀

과거와 현재의 구간들을 안정적으로 정리했다면, 앞으로의 삶에 대해서도 적어보자. 어떤 마음가짐으로 살아가고 싶은지, 어떤 모습으로 살아가고 싶은지 말이다. 내가 아무리 과거와 현재를 잘 청산했다고 한들, 새로운 사건과 상황은 늘 발생한다. 원치 않는 사람과의 갈등이 일어날 것이고, 좋은 사람으로 보이고 싶지만, 나쁜 역할이 되어야만 하는 순간도 마주하게 된다. 피하고 싶지만, 피할 수 없고, 피해서는 안 되는 구간들이 앞으로도 계속될 것이다. 사람의 안정과 자유는 영원할 수 없다. 주어진 순간에 늘 현명히 대처하는 것이 영원에 가까운 자유와 안정이 아닐까 싶다. 누누이 강조해왔듯, 생각만 해선 안 된다. 반드시 적어야 한다. 그래도 이왕 적는 거 바쁜 일상 속에 시간은 절약하면서 포함되는 범위가 넓게끔 적으면 좋지 않겠는가? 바쁜 현대인들을 위해 내가 추천하고 싶은 글쓰기가 바로 '큰 틀 글쓰기' 다.

'큰 틀 글쓰기'란, 내가 마주하고, 선택하고, 살아갈 방향이나 태도에 대해 거시적인 관점에서 정해두는 것이다. 어렵게 생각하지 않아도 된다. 예시를 살펴보자.

'나는 내가 원하는 경험을 체감하고, 원하는 기술을 배우는데 더 많은 돈을 사용할 것이다.'

이건 경제적 관점의 큰 틀이다.

'나는 말수가 적은 내향적인 여자보다는 주장이 확실한 외향적인 여자를 만날 것이다.'

이건 연애적 관념의 큰 틀이다.

'나는 포장된 말로 공감과 위로를 건네는 사람보다 논리적으로 솔직하게 지적할 용기가 있는 사람을 친구로 만들 것이다.'

이건 관계적 관념의 큰 틀이다.

이처럼 다양한 관념에 대해 큰 틀로 정해두고, 그렇게 생각한 이유를 적어 정리해두면 실제로 돈을 쓰거나 이성을 만날 때, 사람을 사귈 때 등 여러 상황에서 빠른 판단을 내릴 수 있다. 사회는 언제나 충분히 생각할 시간을 주지 않는다. 제한된 시간 안에 빠르게 답하고 행동해야만 하는 순간이 정말 많다. 그러니 그런 상황들에 맞춰 기준을 적어서 정리해둬야 한다. SNS에 널린 수많은 콘텐츠도 우리가 스스로 생각할 시간을 주지 않는다. 오히려 요구하고 강조하고 있다. 어떤 콘텐츠는 우리에게 놀고 자빠져 있을 시간이 아니라며 다그치고, 지금 당장 무엇이든 찾아 행동하고, 실행하고, 쟁취하라며 달려갈 것을 부추긴다. 그런데 다른 영상에선 지금도 충분히 잘하고 있으니 좀 쉬어두라고, 그만 좀 열심히 하라고 난리다.

너무나 상반된 조언과 메시지 사이에서 고민이 깊어지고 선택을 번복하는 건 결국 우리다. 편히 쉬어야 할 때와 치고 나가야 할 순간을 적당히 잘 분별해 적용하면 좋겠지만, 그놈의 적당함을 알아채기란 언제나 쉽지 않다. 근데, 글쓰기를 하게 되면 이 적당함을 시원하게 분별할 수 있게 되는 것이다. 난 글쓰기를 통해 큰 틀로 나의 생로(살아가는 방도)와 성향을 정리해보았다. 그중에서 내 욕심을 적어 정리해본 결과, 난 어느 정도 원하는 모습만 갖춰지면 욕심을 내려놓을 수 있는 사람이 아니었다. 필요한 모습이 갖춰지더라도 또 새로운 모습을 찾고 원하며 변화에 변화를 거듭하는 욕심쟁이였다. 인간의 욕심은 정체된 것이 아니다. 원하는 작은 목표를 이루면 누구나 더 좋은 모습을 상상하게 된다. 다만, 그 욕심의 정도가 사람마다 상당히 다르다. 나 같은 경우, 아까의 조언과 메시지 중에서 어떤 것을 적용하는 게 좋을까?

당연히 다그치고 닦달하는 메시지다. 내가 움직여야만 하는 이유를 끊임없이 알려주는 현실적인 동기부여가 내게 더 어울린다. 그렇게 한 열에 아홉 번 치고 나가다가 쉬어가도 된다는 콘텐츠를 보면서 한 번 정도 여유를 갖는 게 내겐 딱 맞는 적당함이다. 내가 만약, 내 욕심의 정도를 정리해 두지 않았더라면 어땠을까? 메타인지 능력을 타고나지 않은 난 쉬어가라는 말에 안주했다가, 뛰라는 말에 움직였다가를 반복하며 많은 시간을 낭비했을 것이다. 시간을 낭비하고 성과가 있으면 그래도 본전인데, 시간도 낭비하고 성과도 없을 경우가 허다했다. 이전과 그대로인 것이다. 당신에게 '그대로'라는 말이 어떻게 와닿을지 모르겠다. 이 단어를 내가 원하는 모습을 갖춘 다음에 들으면 기분이 더 좋을 것 같다. 혹시 '그대로'라는 단어가 불편하다면 당신도 아직 현재에 만족하지 못하고 있을 확률이 높다.

글을 가까이하지 않았던 과거의 나처럼 당신 또한, 무분별하게 쏟아지는 목소리에 자신도 모르게 선동당하고 있을지도 모른다. 소중한 자신의 시간과 감정을 원치 않는 사람과 상황에 허비하고 있을지도 모른다. 나는 어느 쪽에 더 가까운 사람일까? 정리해둘 것이 한두 개가 아니다. '언제 다 적어내지?' 라고 생각하지 말고, '뭐부터 적어볼까?'라고 생각해보자. 세상과 타인은 언제나 자신이 옳다고 믿는 것을 우리에게 요구한다. 그걸 바라보고 해석해서 적용하는 건 온전히 우리의 몫이다. 당신이 그걸 적용했을 때 피해보다 이득을 얻길 바란다. 난 지금까지 여러 가지 큰 틀을 적어왔다. 그 중 살아가면서 적용되는 부분이 참 많았던 몇 가지를 소개하고 싶다. 이 주제를 당신의 큰 틀에 먼저 입혀보길 권한다.

이상주의와 현실주의

나는 '이상주의' 일까? '현실주의' 일까? 먼저, 이상주의란 뭘까? 본인의
이념과 신념, 꿈과 마음에서 더 큰 동기와 에너지를 받는 성향의 사람이
라고 본다. 글의 힘을 몰랐을 때의 난 이상주의에 가까운 사람이었다. 내
가 이루고 싶은 모습들을 상상하고 그리며 힘을 받곤 했다. 우연히 SNS에
서 '간절하면 이루어진다'와 같은 제목의 영상을 보며 의지가 충만해져 실
행하곤 했다. 문제는 그 실행이 오래가지 못했다는 점이다. 일만 벌여두고
마무리 짓지 못하는 일이 허다했다.

뭐든 시작해버리는 내 모습에 처음엔 주변 지인들도 호감과 관심을 보
이며 접근해왔다. 그런데, 끝이 아닌 다음 구간까지도 이어가지 못하는 내
모습에 지인들은 크게 실망하고 거리를 두기 시작했다. 언제부턴가 내가
무언가를 시작해도 지인들은 기대하지 않았다. 응원이 아닌 걱정의 목소

리를 더 많이 듣게 되었고, 충분히 새겨들을 지적과 조언인데도 받아들이지 못했다. 내가 추구하는 이상을 어지럽혔기 때문이다. 지인들이 건네는 논리적인 말들에 내 상상과 이상이 망가지는 걸 견딜 수 없었던 것이다. 진심으로 나를 위해줬기에 그런 말을 건넬 수 있었던 것인데, 나는 지인들의 진심 어린 걱정과 위로를 시기하고 멀리하며 내 동기를 채워 넣는데 더 집중했다. 상황이 그 지경이 됐는데도 난 자신을 전혀 자각하지 못하고 있었다.

준비가 부족하다 못해 없는 실행이 오래갈 수 있을까? 속속들이 실패하고 말았다. 무슨 대단한 실패를 한 것도 아니다. 특별한 사업을 시작한 것도, 거창한 투자를 진행한 것도, 큰 공모전이나 프로젝트를 시작한 것도 아니었다. 그냥 운동을 시작했다가 실패하고, 음악을 시작했다가 실패하고, 기술을 배우다 실패하고, 뭐 하나 대단한 게 없는 작은 실패들뿐이었다. 그런데, 그 작은 실패들이 쌓이고 쌓이니 더 이상 시작할 것이 없어진 것이다. 작은 실패들의 끝을 보고서야 난 나의 심각성을 인지했다. 참 늦게도 인지했다. 작은 실패가 큰 실패보다 더 무섭다는 걸 그때 깨달았다. 너무 작아서 제대로 분석하고 곱씹어볼 필요를 느끼지 못하기 때문이다. 그런데, 우리 또한 큰 실패가 아닌 작은 실패의 중첩을 극복하지 못해 괴로워할 때가 많지 않았던가?

난 감히 단언해본다. 엄청난 실패로 무너지는 사람은 극히 드물다. 오히려 작은 실패가 산처럼 쌓여 더는 시작할 엄두도 못 내는 사람이 훨씬 많다. 그 작은 실패들로 자신의 한계를 너무나 촘촘하게 경험했기에 실행을 두려워하게 된다. 작은 실패들의 쓴맛. 우리가 그 작은 실패가 무엇인지

일일이 기억하고 살아가진 않는다. 하지만, 정리되지 않은 그 작은 실패의 기억들이 우리의 실행력을 붙들고 있다는 건 명백하다. 돌이켜보면 자신에게 일어나는 큰 사건이나 부정적인 상황들 또한 대부분 작은 실수와 선택에서 빚어진 결과다. 작은 실패를 먼저 정리할 줄 알아야 큰 실패를 대비해 역전을 이뤄낼 수 있다.

작은 실패에 짓눌려 자존감은 꺾일 대로 꺾이고, 우울증에 허덕이던 내가 처음이자 마지막으로 선택한 시작이 '글쓰기'였다. 그동안의 멍청했던 순간을 모조리 적어갔다. 나 자신의 과오를 적어가며 돌아보니 난 지극히 '현실주의'적이라는 걸 이제야 깨달았다. 현실주의란 뭘까? 현재의 제도나 시스템을 인정하고, 그에 맞춰 순응하고 협의해 발전해나가는 자세라고 본다. 반대로, 그러한 제도와 시스템을 인정하지 않고, 제멋대로 했을 때 어떤 모습을 겪게 되는지도 똑바로 인지하고 있는 상태라고 할 수 있다. 내가 그나마 오래 유지했었던 일들의 기억을 글로 정리해보니 전부 지독한 현실을 마주했을 때였다.

'간절하면 이루어진다', '꿈이 있는 자가 아름답다.' 와 같은 메시지가 아니라 '지금 움직이지 않으면 망한다.', '니가 지금 그 모양인 이유' 같은 직설적인 메시지가 나를 더 움직이게 했던 것이다. 나를 몰랐을 때는 그러한 메시지가 오히려 나에게 해가 될 줄 알고 멀리했었는데, 알고 보니 나를 더 이롭게 하는 조언들이었다. 이렇듯, 사람이 자신을 너무 모르게 되면 자신에게 득이 되는 정보는 멀리하고, 독이 되는 정보는 가까이하게 된다. 성공의 지름길이 아닌 멸망의 지름길로 가게 되는 것이다. 나는 이제 누군가 이상적으로 동기를 주지 않아도 알아서 원동력을 찾아 꾸준히 실행해가고 있다. 일상의 모든 현실적인 모습에서 내가 열심히 살아야 할 이유를 찾아낸다. 안목까지 비약적으로 발전한 것이다.

당신은 과연 이상주의일까? 현실주의일까? 스스로를 정리해보길 바란다. 나와는 반대로 이상주의였는데, 너무나 현실적인 요인을 가까이해서 지쳐가고 있을지도 모르며, 나와 같은 현실주의자인데 그걸 몰라 이상적인 것들을 가까이해 허상만 좇아가고 있을지도 모른다. 아마 우리가 원하는 건 이상과 현실의 균형일 것이다. 그 균형을 찾기 위해선 먼저 자신을 알아야 한다. 그것도 작은 곳에서부터. 언제나 그 작은 것들이 커다란 문제와 실망을 안겨줬으니 말이다.

주체적일까? 수동적일까?

당신은 주체적인가? 수동적인가? 이것 또한 인생을 살아가면서 참 중요한 주제다. 부업의 붐이 일어나고 있다. 월급만으론 안정적이고 여유로운 삶을 살 수 없다는 게 정설이 된 요즘이다. 유튜브에선 수많은 부업 콘텐츠와 사업 이야기들이 쏟아져 나온다. 어떤 영상에서는 월급을 받는 수동적인 삶은 위험한 선택이고 자신을 썩히는 일이라며 지금 당장 사업에 대한 지식을 배우라고 강요한다. 또 다른 영상에선 자기 사업을 하다가 망했던 사람들이 나와 주체적인 삶의 위험성과 부담을 적나라하게 보여준다. 이러한 양상 속에서 우리가 올바른 판단을 내리기 위해선 역시 자신만의 기준이 필요하다.

곧장 사업을 하거나, 영원히 수동적으로 살 필요는 없지만, 움츠려있을 시기와 치고 나갈 순간을 적절히 분별하기 위해선 성찰이 필요하다. 특히,

내가 보아온 작은 세상에선 이 주제로 착각하는 사람들이 정말 많았다. 타인이 보기엔 수동적인 삶이 훨씬 어울려 보이던 사람이 갑자기 사업을 하겠다고 회사를 나가선 망하고, 딱 봐도 주체적인 삶이 훨씬 어울려 보이는 사람이 회사 안에서만 기량을 발휘하다 보니 능력만 썩히고 있을 때도 많다. 모두 자신을 모르기 때문에 일어나는 일이다. 또 모든 사람이 완벽하게 주체적이거나 수동적이지 않다. 그런 사람은 정말 극소수다. 주체적인 성향이 더하거나 덜하거나, 수동적인 성향이 더하거나 덜하거나 이 정도다. 우리는 자신의 '정도'를 구분할 줄 알아야 자신에게 맞는 정보를 흡수하고, 자신에게 어울리는 선택을 내릴 수 있게 된다.

자신의 성향을 분별하기 전에 내 이야기를 들려주고 싶다. 다행히 난 내가 주체적인 사람이란 건 알고 있었다. 중요한 건 그 '정도'를 몰라 시간과 감정을 심각하게 낭비했다는 점이다. 주체적이긴 했지만, 다수를 통솔하고 협의해 이끌어갈 만큼 주체적이진 않았다. 나는 그걸 몰랐다. 착각이 클수록 문제는 더 크게 발생한다. 주체적인 것도 좋지만, 인생을 자기 뜻대로 살려면 그만큼 질서가 있고 체계가 있어야 한다. 그런 부분은 아무래도 회사나 공장 등의 환경에 들어가 실무적인 부분을 경험해봐야 얻을 수 있는데, 난 무조건 주체적인 삶을 살아야만 한다는 생각에 미쳐 기본 개념들을 다 무시하고 실행을 반복했던 것이다. 덕분에 시간은 시간대로 낭비하고, 좌절은 좌절대로 맛봐야 했다. 뒤늦게 글을 통해서 나에겐 수동적인 부분도 좋은 경험과 배움을 준다는 것을 알게 되었다. 정확히 말하자면, 난 수동적인 것 보다 주체적인 성향이 조금 더 강한 사람이었다. 그리고 사업가처럼 팀을 이뤄가는 환경보다 한 분야의 선수나 아티스트처럼 개인의 기량을 더 발휘하고 싶은 욕구가 강했다.

그래서 회사를 다니며 경제적 부분을 해결함과 동시에 남는 시간은 주체적으로 내 역량을 다듬어가는 것이 나에게 더 큰 안정감과 동기를 주었다. 그전에는 이러한 질서와 규칙, 의무들을 무시하고 내 성장과 성과에만 집중했었다. 기본과 의무를 저버린 실행은 절대 성장을 가져올 수 없다. 일시적으로 기분 좋은 성장은 가능하지만, 장기적으로 만족을 주는 결과를 바라기 어렵다. 지금은 나의 주체적인 시간들이 조금씩 수동적인 시간들을 앞서고 있다. 내 주체적 정도가 작았지만, 의무를 짊어지고 이행해온 시간들이 내 주체성과 역량을 성장시켰기 때문이다. 성장한 내 주체성은 나를 더 주체적인 인간으로 만들어가고 있다. 누군가의 질서와 체계에 속해있지 않아도 이젠 스스로 의무감을 가지고 나태함 없이 내 일들을 이행해가고 있다. 주체적으로 지켜왔던 시간이 수동적으로 살아왔던 시간들을 앞지르고 있다. 이 변환점을 당신도 느꼈으면 좋겠다. 이제 난 누가 잠시 멈춰가라고 말해도 멈출 수가 없다. 주어진 내 시간이 너무나 즐겁고 행복하다.

만약, 나처럼 주체적 성향이 강하다고 정리했다면, 정도와 더불어 '종류'도 정리해보길 바란다. 소설이나, 음악, 운동과 같은 예술적 분야는 개인의 역량과 창의력이 강조되는 반면, 사업이나 프로젝트 같은 비즈니스적 분야는 관계력과 소통력, 응용 능력이 큰 비중을 차지한다. 난 리더처럼 통솔하는 모습보다는 아티스트처럼 혼자 몰두하고 작업하는 것이 좋다. 아직은 작가다운 면모가 부족해 노력 중이지만, 언젠가 많은 사람이 함께 작업하고 싶은 모습이 되고 싶다. 죽을 때까지 포기하지 않을 생각이니 죽기 전에는 될 것이라 본다. 아니, 될 것이다. 나는 된다.

　당신의 성향은 어느 쪽에 더 가까울까? 혹시, 수동적인 성향이 강했는데, 그걸 모르고 주체적인 방면의 일들을 가까이해 괴로워하진 않았는가? 반대로, 주체적인 성향이 강했는데, 수동적인 일들을 맡아 답답하진 않았는가? 애매하게 내버려 두지 말고 분명하게 정리해둘 필요가 있다. 별거 아닌 것 같아도 그것은 내 선택과 결정을 좌우하는 하나의 큰 틀이다. 정리해두면 결국, 나에게 다양한 이로움으로 돌아올 순간들이다.

소수정예와 다다익선

당신은 소수의 사람과 끈끈하게 오래가는 것이 좋은가? 다수의 사람과 넓고 얕게 오래가는 것이 좋은가? 나는 친해진 지인들에게 이런 질문을 자주 하는 편인데, 내가 바라본 세상에선 전자를 원하는 사람들이 꽤 많았던 것 같다. '관계는 늘려가는 게 아니라 줄여가는 거더라.'라는 말이 있듯, 나 또한 이 말을 꽤 신뢰했다. 살아온 배경 또한 시골 출신이라 학년의 반도 적었고, 초등학교 시절 친구들이 성인까지 그대로 이어져 늘 신뢰 가는 친구가 많았다. 그래서 딱히 새로운 관계를 만들어갈 필요성을 알지 못했다. 그런데, 이 관계의 틀마저도 난 잘못 알고 있었다. 정말이지 난 나에 대해서 아는 게 하나도 없었다. 모르면 모르는 대로 가만히 있으면 참 좋은데, 자꾸만 나와 맞지 않는 반대로 기어가서 더 문제다. 이후에 글을 적고 알고 보니 난 놀랍게도 다다익선을 더 선호하는 인간이었다.

다다익선이란 뭘까? 아는 사람이 많으면 많을수록 좋다는 뜻이라고 본다. 관계가 넓어지는 만큼 한 사람 한 사람 시간을 들이기가 쉽지 않아 깊은 사이가 되기는 어렵다. 대신, 말 걸기 어색하지 않을 만큼의 친분을 유지하고 있으면, 내게 필요한 도움을 줄 수 있는 사람과 더 빨리 소통할 수도 있다. 소수정예는 관계가 적은 대신 서로에게 줄 수 있는 시간이 많아지고 돈독한 사이를 유지할 수 있다. 하지만, 자신이 필요로 하는 정보나 능력을 줄 수 있는 사람이 없는 경우, 정보 제한과 사고의 제한을 맛보기도 한다. 난 글을 통해서 내게 어떤 장단점이 더 어울리는지 알게 되었다. 보너스로 내가 소수정예를 선호한다고 착각했던 이유까지 알게 되었다.

난 친밀감이 부족하더라도 많은 사람과 넓고 옅게 아는 것을 선호한다. 난 생각보다 깊게 친해지는 것을 거부하는 사람이었다. 일단, 누군가를 깊이 알게 되면 그 사람에 대해서 너무 많은 것을 보게 된다. 그 사람의 장점도 많이 보게 되지만, 그 사람의 단점도 많이 보게 된다. 나만 그런지 모르겠는데, 장점보다는 단점이 눈에 더 들어온다. 좋은 장점을 한 5개 알게 되었는데, 가까워져 알게 된 크나큰 단점 1개가 나머지 장점을 전부 상쇄하는 것이다. 특히, 단점의 종류나 질에 따라 상쇄력은 달라진다. 과거에 스피닝 강사를 하며 알게 된 지인이 있었는데, 자신의 분야에 실력도 좋고, 배울점이 많아 친하게 지내고 있었다.

그런데 자리를 가지다 보니 술 습관이 좋지 않다는 단점을 알게 되었다. 거기까진 충분히 그럴 수 있다 싶었는데, 그 단점으로 빚어진 결과마저 보고만 것이다. 술에 거나하게 취한 지인은 옆 사람과 언쟁을 일삼고 욕을 하며 분위기를 엉망으로 만들어 버렸다. 내가 참 간사한 게, 그 이후로 그 사람에게 아무리 좋은 모습을 보아도 언제든 엉망이 될 수 있는 인간임을 염두하며 만나고 있었다. 사람의 단점이 꼭 술주정만 있는 것은 아니다. 깊이 알고 보니 꼰대 같은 사람, 깊이 알고 보니 의지력이 너무 약한 사람. 깊이 알고 보니 자기혐오가 심한 사람, 깊이 알고 보니 테두리만 좋고 실속이 없던 사람, 깊이 알고 보니 부모덕에 잘 살면서 자신의 역량인 척 연기하던 사람 등등 실체를 알아갈수록 그 사람의 좋은 면들을 더 보지 못하게 되는 못난 나였다. 물론, 좋은 면들을 더 보여주는 사람도 많았다. 사람의 단점은 꼭 깊게 친해지지 않아도 알아서 보인다. 중요한 건 깊게 친해질수록 그 단점으로 벌어질 끝장을 다 보게 된다는 점이다.

　난 그런 일이 발생하기 전에 그 사람의 장점만 보고 배울 수 있는 거리가 딱 좋다. 단점보다 장점을 더 많이 느낄 수 있는 거리가 딱 좋다. 나를 대하는 사람들도 그러기를 바라며 관계한다. 나와 너무 깊게 친해지지 않았으면 좋겠다. 나 또한, 장점을 상쇄할 못난 부분이 많을 것 같으니까. 그리고 깊게 친해질수록 각자의 사연과 과거 등을 알게 된다. 꺼내기 어려운 얘기가 오갈수록 그 사람과 유대감이 쌓여가는데, 그 유대감이 쌓이는 만큼 서로 의지하는 부분도 커지게 된다. 누군가는 그 의지가 힘이 되고 위로가 될 수 있겠지만, 내게는 부담이었다. 유대감이 쌓이는 만큼 그 사람의 시간도 더 원하게 되는데, 난 내 목표를 위해 집중할 시간이 더 필요했다. 지금의 내 시기는 많은 사람과 유대감을 위해 관계할 시간보다 개인의 성장과 발전을 위한 시간이 더 필요하다고 판단했다. 그래서 내 시간을 원하는 지인과 친구의 연락을 거절할 때도 많아지고 미안함도 점점 쌓여갔다. 내 오만한 거절을 지인들이 납득할 수 있게끔 난 노력해야 한다. 그러기 위해선 넓고 옅은 관계를 유지해갈 필요가 있다.

넓은 관계를 이토록 원하면서 난 왜 지금까지 소수정예적 관계를 지향해왔을까? 관계를 넓혀갈 줄 몰랐기 때문이다. 두려웠기 때문이다. 새로운 사람을 알아가고, 다시 조금의 친분을 만들고, 그러다 어색한 사이가 되기도 하는 일련의 과정들에 적응할 용기가 없었기 때문이다. 무서워서 피해놓고 짧고 굵은 사이가 좋다며 자기 합리화를 시켜온 것이다. 만약, 합리화가 물질이라면 난 그 결정체인 것 같다. 나의 관계에 대해 적어보니 얼마나 많은 합리로 나를 묶어왔는지 알게 되었다. 그 뒤로 나는 넓은 관계에 적응하기 위해 부단히 노력해왔다. 나를 잘 몰랐을 때는 누군가 내게 의지하는 게 부담스러우면서도 괜찮은 척 똑같이 의지하고 있는 척 해주며 감정과 시간을 낭비했지만, 지금은 아니다. 미리 거리를 유지해 서로가 불편할 일을 만들지 않는다.

아는 사람이 많다고 해서 결코 좋은 건 아니다. 내게 필요한 사람이 얼마나 있는지가 참 중요하다. 관계는 늘려가는 것이 아니라 줄여가는 것이 맞다. 근데, 넓은 관계를 통제할 줄 아는 게 먼저다. 넓은 관계를 통제할 줄 아는 사람이 된 후에 줄여갈 줄 알아야 하는 것이다. 지금 우리가 살아가는 사회는 '해석력'이 참 중요한 것 같다. 올바르게 해석하지 못하면 인생을 비탈길로 안내할 목소리와 글귀가 너무나 많기 때문이다. 당신이 추구하는 관계의 방향은 어떠한가? 소수정예인가? 다다익선인가? 나처럼 넓고 옅은 관계를 선호하는데, 그에 적응하는 것이 두려워 소수정예라며 합리화 하고 있진 않을까? 아니면, 소수정예가 좋으면서 사람들의 기분에 맞춰 넓고 옅은 관계를 유지하려고 애쓰진 않는가? 고민된다면, 적어야 하는 이유가 충분해진 것이다.

많이 맞춰갈 사람과 적게 맞춰갈 사람

맞지 않는 한 사람과 평생 맞춰갈 것인가. 맞춰갈 일이 적은 한 사람을 찾아낼 것인가. 어느 쪽을 선택하든지 이유가 구체적일수록 좋다. 시간과 감정의 낭비는 결국 본인의 몫이다. 물론, 난 후자다. 사랑에 대한 자신만의 틀과 이유를 정리해두지 않았을 때는 '사람은 오래 보아야 안다.'와 같은 낡은 상식에 의존해 극심한 스트레스를 받으면서도 관계를 지키려 노력했다. 당연히 노력한 만큼 관계가 개선되는 일은 없었다. 둘 중에 누가 나쁜 사람인지를 따지는 건 최고로 어리석은 일이다. 긴 세월 동안 다른 가치관으로 살아온 서로가 고작 1~2년 지나기도 전에 전부 맞춰간다는 게 어디 쉬운 일인가? 그리고 사실, 1~2년을 만났음에도 똑같은 갈등을 겪고, 반복된다면 그건 애초에 서로가 맞지 않다는 증거다.

수많은 연인이 서로가 안 맞다는 명백한 증거의 순간을 마주하고도 그간 쌓아온 시간과 추억, 나누었던 마음과 정 때문에 끊어내길 어려워한다. 안 맞는 부분도 있지만, 맞는 부분도 많고 장점도 많다며 둘 사이에 치명적인 결함들을 합리화 한다. 결국, 그렇게 방치해둔 결함들은 곪고 곪아 수많은 장점과 추억마저 무력하게 무너트린다. 그 허무함을 몇 번이고 반복한 끝에야 난 글을 가까이했다. 추구하는 사랑의 모습을 큰 틀에서 정리해보고 깨달았다. 내가 혼자 늙어가며 살아가게 되더라도 맞춰갈 일이 적은 한 사람을 찾아내는 게 맞다는 걸 알았다. 정해두고 정리해두니 내 사랑을 어떻게 찾아 나서야 할지 순서가 보였다.

우선, 많은 여자를 만나기 시작했다. 생각없이 무작정 만나고 다닌 게 아니었다. 여자들 또한 내 첫인상을 보고 호감이 생길 확률이 높도록 자기관리도 열심히 했다. 호감이 가야 마음을 열고 서로를 알아갈 시간을 내어줄 것 아닌가? 알아가면서 호감이 더 생기고, 배울 점이 많은 여자에겐 부담스럽지 않은 선에서 내 마음을 전했다. 하지만, 맞춰갈 일이 많아지거나 맞춰갈 수 없는 치명적인 결함이 조금이라도 보이면 헤어졌다. 나에게 마음을 주고 있던 여자에게 쓰레기 같은 남자로 보일지라도 감내했다. 각오했던 일이었다. 오히려 이전보다 이성을 보는 안목이 더욱 성장하고 신중해졌다. 나만의 큰 틀이 없을 때는 이성적으로 호감이 느껴진다 싶으면 냅다 꼬시기에 바빴다. 지금은 마음을 주고받은 뒤에 밀려오는 상실감을 인지하고 있으며, 상대가 받을 상처나 서운함 또한 명확히 인지하고 있다. 내가 무엇을 잃고, 어떤 일을 벌이는지 자각하고 그녀의 세계로 들어가는 것이다. 현재는 맞춰갈 일이 적은 한 사람을 만나 늘 감사한 마음으로 살아가고 있다.

내가 이 기준을 명확히 해두지 않았으면 어떻게 되었을까? 인간은 망각의 동물이다. 분명 또 무턱대고 사귀고 봤을 것이다. 사귄 것도 모자라 맞지 않는 걸 뻔히 알면서도 오래 봐야 안다며, 사랑은 맞춰가는 거라며 시간과 감정을 허비했을 것이다. 나로 인해 청춘의 시간을 날리게 되는 그녀는 또 무슨 죄인가? 사랑은 맞춰가는 게 맞지만, 맞춰갈 일이 적은 사람을 찾는 게 순서다. 난 그렇게 생각한다. 이게 내가 생각하는 사랑의 순서이자 큰 틀이다. 오래 봐야 안다는 말도 그다지 믿지 않는다. 연인은 짧게 봐도 금방 알 수 있다. 사귀는 순간 친구나 가족보다 더 많이 만나게 되고, 평소에는 하지 않았던 속 깊은 이야기를 더 많이 나누게 된다. 더 다양한 모습들을 보여주게 된다. 물론, 짧은 시간에 그 사람의 모든 모습과 속내를 알 수는 없지만, 적어도 서로가 오래갈 수 있는 사이인지 아닌지는 충분히 알 수 있다. 나는 그렇게 생각한다. 이게 내 사랑의 순서이고 큰 틀이다.

이렇듯, 자신만의 큰 틀이 없으면 세상이 정해둔 정보와 상식을 활용하는 것이 아니라 활용을 당하게 된다. 세상과 주변 사람들은 우리의 통찰력 따위는 신경 쓰지 않는다. 자신이 살아온 과정에서 가장 괜찮았던 정보와 순서를 마구 뱉어낸다. 나 또한 그렇다. 나의 인생에서 가장 편리하고 안정적이었던 순서를 최대한 불편하지 않게 전해줄 뿐이다. 선택과 결정은 본인의 몫이다. 선택과 결정을 하기 전에 자신을 한 번 돌아봤으면 좋겠다. 종이와 펜만 있으면 된다. 엄청난 정신력이나 체력을 요구하지 않는다. 별거 없다. 별거 없는 작은 행동으로 나에게 딱 맞는 사람을 찾아 평생을 맞춰갈 일이 적도록 살아갈 수 있다면 이거 꽤 쓸만한 이득이지 않은가?

나는 어떤 사람을 좋아하는가

당신은 어떤 사람이 더 좋은가? 난 이게 참 중요한 틀이라고 생각한다. 사람들에겐 각자 선호하는 성향이 있다. 단, 그것을 명확히 기준해두는 사람은 많지 않다. 누군가와 친하긴 한데, 내가 이 사람과 왜 친한지 구체적으로 아는 사람은 드물다. '친구 사이에 친한데 이유는 없다.'라는 말이 있는데, 이 또한 세상이 먼저 정해둔 상식이고 정보일 뿐, 내 삶에 해당하지 않는다. 난 '대범한 사람'이 좋다. 여기에 전제가 있는데, '논리적으로' 대범한 사람이 좋다. 그래서 난 사람을 볼 때 '대범의 정도'를 가장 먼저 보고 있다. 대범의 정도에 따라 내가 건네는 말과 행동을 조절한다. 논리가 없는 대범함은 일방적인 참견과 행패가 된다. 누군가를 위한다고는 하지만, 대부분 그냥 자기 생각을 드러내고 싶어서일 때가 많다.

하지만, 앞에 논리적이어야 한다는 전제가 붙으면 말을 뱉기 전에 그 일과 사람에 대한 관찰력이 필요하며, 뱉는 말에 합당한 경험과 진중함이 있어야 한다. 그리고 본인이 논리적이지 못했을 때 따라올 질타도 감내해야한다. 그런데도 대범하게 하고 싶은 말을 전하고, 하고 싶은 일을 진행해가는 사람을 난 좋아한다. 더 쉽게 말하면, 누군가의 삶에 직설적인 피드백을 했을 때, 자신도 직설적인 피드백을 수용할 배짱이 있는 사람을 선호한다. 내가 본 몇몇 사람들은 타인의 삶과 일에 대해서는 적극적으로 지적하고 개입하면서 자신의 삶과 일에 누군가 개입하는 건 극도로 꺼려한다. 그 지적이 충분히 논리적이고 수용할만한 의견인데도 말이다.

그래서 대범함이 떨어질수록 자신이 적용하고 활용할 정보를 구분하는 안목도 떨어진다. 수용할 배짱이 없기 때문이다. 기회와 발전적 요인을 놓치며 살아가게 된다. 난 내가 좋아하는 대범한 사람들의 특징에 대해 정리하게 되었다. 곁에 두고 싶은 사람들이기도 하지만, 내가 계속 배워가고 싶은 사람들도 많기 때문이다. 대범한 사람들은 수용력이 넓다. 인신공격을 가미한 질책 속에서도 자신이 적용하고 배워갈 부분만 쏙 집어 흡수하고, 활용하기 어려운 사항은 가차 없이 한 귀로 흘려 버린다. 이런 사람과 얘기하면 마음이 편하다. 대화를 할 때 배려할 사항이 크게 없기 때문이다. 많은 필터를 거치지 않아도 된다. 직설적으로 말해도 알아서 걸러 듣기 때문이다. 나 또한, 상대방이 어떠한 방식으로 지적하고 참견을 하든, 그중에서 내가 활용 가능한 사항만을 흡수하기 위해 노력 중이다. 결국, 선택은 자신이 하는 것이고 그 결과 또한 자신이 책임져야 하니까.

난 이런 사람들이 주변에 많아야 더 좋은 인생을 살아갈 수 있다고 믿는다. 그래야 내가 진행하는 일에 실수와 착오를 줄일 수 있다. 진행하는 일에 대한 위험과 경각심을 명확히 설명해줄 친구들이 있어야 한다. '자신을 위해주고 알아주는 사람들과 있어라' 와 같은 뉘앙스의 말들이 꽤 있는데, 이 또한 자신만의 해석과 통찰력이 없으면 상당히 위험한 발언이다. 이유 없이 알아주고 위해주는 사람은 거의 없다. 모든 호의에는 이유가 있다. 위해주고 알아주길 좋아하는 사람들은 똑같이 위해주고 알아주길 바라는 경우가 많다.

때문에, 친구가 어긋난 행동으로 위험한 길로 걸어가는데도 강력하게 저지하지 못 한다. 상처 입고 토라질 것을 알기 때문이다. 또 누군가 자신에게 지적할 때도 딱 그 정도의 깊이로만 찔러주길 바라기 때문이다. 깊게 찌르는 말을 건넬수록 자신도 깊게 찔릴 각오가 있어야 함을 우리는 본능적으로 알고 있다. 대범한 친구들은 이를 이해하고 친구를 상처 입힐 각오로, 자신도 상처 입을 각오로 말을 건넨다. 그걸 감내할 수만 있다면, 그럴 배짱이 있다면 내 삶에 큰 착오들을 줄여나가게 되고, 착오해서 진행하더라도 충분히 인지한 상태에서 일을 수행하게 되는 것이다.

글을 통해 원하는 사람을 큰 틀로 정리해두기 전에는 내 곁에 위해주고 알아주는 사람들만 가득했다. 내가 어떤 프로젝트를 진행하기만 하면 응원하고 위해주었다. 부족한 준비로 처참한 결과가 뻔히 예상되는데도 응원해주었다. 결과가 엉망인 상황에서도 감싸주었다. 그 사람들에게 나쁜 의도는 없었다. 그때의 나는 솔직한 의견을 받아들일 수용력도, 대범함도 없었다. 내게 대범하게 말해줄 사람도 없었다. 내가 그런 사람들을 원하지 않았으니까. 대범하지 않은 사람들 사이에선 내가 조금만 실행하고 움직여도 돋보이고 앞서가는 느낌을 받는다. 누구나 할 수 있는 과정에 과도한 의미를 부여하게 된다. 그 맛에 취해 포기할 게 뻔한 시작들을 반복하며 자존감을 채워갔다. 더는 시작할 게 없어지고서야 아무 실속도 없는 나를 조금이나마 직시하게 됐다. 위해주고 알아주는 사람들의 마음에 의지해 준비했던 만큼 결과에 대한 탓도 남에게 돌리는 악순환에 빠지게 된다. 자신을 모르는 대가가 이렇게 잔인하고 처참하다. 자신이 자신을 학대하는 걸 평생 인지하지도 못한 채 늙어가는 사람이 세상엔 정말 많다.

　나는 정말 다행히도 글을 적은 덕분에 그 굴레에서 빠져나올 수 있었다. 난 대범한 사람들을 좋아한다. 그들은 나의 위치와 실력을 자각하게 만들고, 내가 더 열심히 살아야 할 이유를 끊임없이 상기시켜준다. 대범한 이들의 논리적인 지적에 논리적으로 답할 수 있는 부분이 많아질수록 내가 그만큼 성장하고 발전하고 있다는 방증이니까. 그것에 답하지 못할수록 자존감이 깎이는 위험도 있겠지만, 난 그 위험을 감수하고서라도 대범한 친구들을 가까이하고 싶다. 안 그래도 나약한 의지를 타고난 내가 약간의 위로에 나태해지지 않도록 주위의 사람을 견고하게 사귀어야 한다. 그렇다고 위해주고 알아주는 사람들이 나쁘다는 게 절대 아니니 오해하지 말자. 난 대범한 사람들 사이에 있어야 힘을 낼 수 있다. 나아가야 할 이유를 찾을 수 있다. 또 나와는 반대로 이러한 사람들 사이에서 큰 불편함을 느끼고 의지가 감소 되는데도 꾸역꾸역 만나는 사람도 있다. 오히려 알아주고 위해주는 사람 사이에 있어야 맘 편히 나아갈 수 있는 사람도 있다.

　각자 사귀어가는 관계에 안정의 기준과 만남의 기준이 있다. 함께 맞춰가는 속도도 다르다. 추구하는 정도와 속도에 맞는 사람들끼리 화목하게 살아가는 것이다. 단, 나처럼 자신을 너무 모를 경우, 전혀 맞지 않는 사람들과 어울려 낭패를 보게 될 확률이 높아지게 된다. 확률만 높아지는 게 아니라 삶의 시간을 통째로 날려 먹게 된다. 한 번 살다가는 인생이니 덜 후회스러운 관계로, 덜 후회스러운 모습으로 살아가길 바랄 뿐이다. 그러기 위해선 자신이 어떤 사람을 더 만나고 싶은지 정리해보는 것도 참 중요하다. 자신을 애매하게 알고 있으면, 자신을 애매하게 알고 있는 사람들과 어울리게 된다. 모두가 그렇진 않겠지만, '모두가 그렇지 않다' 는 말에 또 우리는 얼마나 많은 관계를 합리화 시켜 왔는지도 돌아보면 좋겠다.

제6장
글쓰기가 부담스럽다면.

펜과 종이를 써라

난 계속해서 '쓴다' 라는 표현을 사용했다. 키보드로 치는 것이 아니다. 연필로 쓰는 것이다. 만약, 우리가 에세이나 소설, 수필을 적는 중이라면 괜찮겠지만, 이것은 '메타인지 글쓰기' 다. 자신을 분명히 알기 위해 쓰는 글이다. 컴퓨터와 핸드폰의 자판으로 자신을 정리하는 것도 좋지만, '체감효과' 가 떨어지는 건 어쩔 수 없다. 펜과 종이는 체감효과를 극대화한다. 정리해두지 못했던 그 순간을 펜이 긋고 이으면서 주입되는 자극도 커지고, 기억하려던 교훈을 온전히 느끼게 된다. 책의 첫 장에서 자주 언급했듯, 우리는 학교의 시험 점수를 높이기 위해 필기는 해왔지만, 정작 인생의 성적을 올리기 위해서는 필기하지 않는다. 필기를 잘해둔 분야의 문제가 빨리 풀리고 해결되듯, 필기가 잘된 관념일수록 마주한 문제의 요인을 빨리 포착하고 해결 방안도 빨리 찾게 된다.

무엇보다 펜과 종이만으로 적게 되면, 방해 요인이 없어진다. 다른 무엇도 아닌 자신에게 집중해야 할 순간에 디지털은 수많은 방해 요인을 만들어 낸다. 노트북으로 작업할 때를 예로 들어보자. 딴짓의 핵심인 카톡을 꺼놓더라도, 여러 가지 알림창이 밑에서 떠오르고, 떠오른 알림창을 닫아야 한다. 잘 진행되어가다 렉이 발생할 수도 있고, 인터넷 창이 켜고 싶어지거나, 꺼두었던 카톡을 켜고 싶은 본능이 솟아오르기도 한다. 주머니에서 핸드폰을 꺼내는 일보다 간단하다. 클릭 한 방으로 수많은 딴짓을 할 수 있으니 어렸을 때부터 공부만 해왔던 사람이 아니고선 통제하기 쉽지 않다. 나 또한, 이 책을 적고 있는 와중에도 키보드가 아닌 핸드폰으로 손이 가려고 근질근질한다. 글쓰기에 입문하는 초심자가 키보드나 핸드폰부터 가까이하는 건 그리 현명한 순서가 아닌 것 같다. 특히, 자신을 이해하기 위한 글을 쓸 때는 더욱.

핸드폰의 방해는 이미 명성이 자자하다. 수많은 알림과 카톡들, 구독하고 있는 각종 SNS에서 쏟아지는 광고들, 연락을 무시하면 무시한다고 전화해서 욕을 남발하는 친구들. 꼭 그렇게까지 방해 요인이 발생하지 않아도 내면 깊숙한 곳에 딴짓의 욕구가 폭증한다. 노트북은 마우스로 손을 가져가야 하지만, 핸드폰은 손가락 하나로 모든 곳을 갈 수 있다. 유혹을 참지 못해 '빨간색 배경의 하얀 재생 아이콘'을 누르는 순간! 자신을 알아가려던 목적은 광활한 정보의 홍수에 쓸려가고, 정신을 차려보면 어느새 1~2시간이 훌쩍 지나있다. 손가락은 이제 무언가를 적기 위해 움직이지 않는다. 우리의 손가락을 믿지 말자. 손가락은 핸드폰을 누를 때 보다 무언가를 쥐고 잡았을 때 결단력이 더 생긴다. 자신을 알아가기 위해 글을 치지 말고, 쓰는 연습이 필요하다. 자신을 밀도 있게 바라볼 환경이 구축될수록 내게 더 필요한 교훈을 정리해나갈 수 있게 된다.

펜과 종이의 효과는 이것만이 아니다. 올바른 필체로 적어가기 위해선 종이를 똑바로 바라보며 눈을 떼지 않아야 한다. 그런데 컴퓨터나 노트북은 어떤가? 타자에 익숙한 우리 세대는 다른 곳을 보고 있어도 손쉽게 기록이 가능하다. 반대로 펜은 다른 곳을 바라보면 금세 크기가 이상해지거나, 굴곡이 안 맞거나, 적는 선을 이탈한다. 바라보지 않을수록 내용이 틀어지니 강제적으로 집중력을 발휘할 수밖에 없다. 이왕 적는 거 못 쓰고 싶은 사람이 어딨겠는가? 노트북이야 잘못 적으면 버튼 몇 개로 지워 버리면 그만이지만, 펜은 지우기가 상당히 번거롭다. 연필이야 지우개가 있다지만, 볼펜으로 적을 경우, 화이트를 흔들고 마를 때까지 기다려야 하지 않는가? 즉, 쓰기 전에 충분히 고려하는 시간을 가질 수밖에 없고, 한 문장 한 문장에 정성을 들이게 된다.

나는 펜과 종이를 항상 들고 다니는 편이다. 다른 물품들에 비해 그리 번거롭지도 않다. 생각나는 내용이나 필사하고 싶은 내용은 그대로 적어둔다. 필사를 자주 하게 되면 여러 문장 중에 자신이 더 효과적으로 활용할 수 있는 글귀를 흡수하게 된다. 강한 울림을 준 글귀들은 기억되어 나의 이야기를 적어갈 때 자연스럽게 묻어나게 된다. 그대로 카피하는 게 아니라 자신의 생각과 합쳐진 새로운 글귀와 또 다른 에피소드로 거듭나는 것이다. 펜과 종이만 가까이해도 내가 쓰는 글에 깊이 집중하고 넓게 바라볼 수 있게 된다.

성과보다 완수에 집중해라

　사람들은 대부분 어떤 일을 시작할 때 성과에 집중한다. 나 또한 그랬다. 이왕 시작한 거 좋은 성과를 내고 싶은 건 당연하다. 문제는 성과를 목적으로 일을 시작하면, 성과가 발생하지 못했을 때 목표에 대한 의지가 급격하게 떨어진다는 점이다. 또 우리는 성과를 그냥 바라지 않고 단기간에 대폭 상승하는 엄청난 성과를 기대하게 된다. 실제로 세상에는 그런 성과를 이룬 사람들이 존재하고, 그러한 추진력을 토대로 홍보하는 콘텐츠가 넘쳐난다. 인스타만 보더라도 단기간에 몇 천을 벌었고, 순식간에 인지도가 높아졌다는 일화를 소개하는 글들이 즐비하다. 우리의 무의식은 '빠른 성과'라는 타이틀에 은근히 노출되어 왔다.

　거리를 두고 천천히 그 성과들을 살펴보자. 단기간에 이룬 대부분의 성과를 자세히 들여다보면, 그 단기간의 성과를 위해 얼마나 수많은 실패와 반복이 있었는지를 가늠하게 된다. 마케팅은 험난한 진실을 알려주길 꺼려한다. 교육을 접수하는 고객이 거부감을 느끼고 돌아서기 때문이다. 일단 별거 아니라고 소개하고 천천히 그 험난함을 알려주며 적응해가도록 도와주는 게 마케팅을 하는 입장에서도 올바른 순서가 되지 않을까? 누군가는 그 험난한 여정을 적용하고 맞이할 준비가 되어 있어서 그대로 성과를 이뤄내지만, 누군가는 그 험난한 여정을 견디지 못하고 성과는커녕 좌절감만 맛볼 때도 있다. 모두 후자의 케이스를 원하진 않을 것이다. 그러니 첫 번째 케이스가 되기 위해 먼저 집중해야 할 건 성과가 아닌 '완수'다. 단기간의 성과를 자주 맛보기 위해선 장기간의 완수가 있어야 한다.

몇 번의 실패로 그 이치를 깨달은 나는 성과를 거두겠다는 집착은 버려두고, 오로지 하루하루 교훈을 얻고 달성하는 것에 집중해갔다. 그런데 완수에 집착할수록 성과가 알아서 따라오기 시작했다. 지인과의 갈등이 일어나면 원만히 풀어가는 나를 보게 되었고, 우울증이 다시 찾아왔는데도 부드럽게 흘려보내는 나를 보게 되었다. 나는 처음 글을 쓸 때 무언가를 바라고 적어간 것이 아니었다. 그저 하루하루 내가 느낀 것들을 정리해갔을 뿐인데, 그게 내 삶의 문제들을 치료해가고 있었다. 성장한 나의 안목이 어느새 내게 맞는 배움만을 쏙쏙 골라 알아서 적용하고 있었다. 건방지게 들리겠지만 난 지금도 성과를 크게 바라지 않고 있다. 정말이다. 오로지 완수를 이어가고 있을 뿐이다. 그런데 성과가 알아서 발생한다.

글을 적어서 당장에 뭔가가 일어나지 않는다고 속상해하지 말자. 조급해하지 말자. 당신이 한 부분을 적어갈수록 의식하지 않아도 당신의 한 부분은 이미 긍정적으로 바뀌어 가고 있다. 거대한 성과는 절대 단번에 이뤄지지 않는다. 완수를 게을리하지 않는다면 당신이 좋든 싫든 거대한 성과와 한 발 가까워지는 건 사실이다. 그걸 잊지 않는 게 중요하다. 성과를 바라보다 포기해왔던 수많은 완수를 한 번 돌아보자.

자유의 임계점

이쯤 읽다 보면, 크게 두 가지 생각이 들 것 같다. 글의 필요성을 실감하면서도, 글에 대한 부담이 엄습하지 않았을까? 인생에 글쓰기가 정말 중요하다는 건 알겠는데, 어느 세월에 내 감정과 기분을 다 써? 나 같아도 그런 생각이 들었을 것 같다. 마치, 영어를 싫어하는 내게 누군가 영어는 정말 이롭고 중요한 거니까 무조건 해야 돼! 안 하면 큰 일 난다? 하면서 은근히 협박하는 느낌이랄까? 그래서 잠시, 그 부담과 불편을 덜어가는 시간도 가져볼까 한다. 우선, 글쓰기를 평생 해야 메타인지가 높아지고 인생이 자유로워지는 게 아니다. 일정 구간이 지나면 매일매일 쓰지 않아도 된다. 자유와 메타인지에도 '임계점' 이 있기 때문이다. 임계점이란 무엇인가? 다수가 가진 기본 능력보다 한 단계 높아진 상태. 또는 일부러 신경 쓰지 않아도 알아서 작용하는 '경지' 이다. 내가 자유롭고 싶지 않거나 불안전하길 원해도 단련된 메타인지가 알아서 자유롭고 안정적인 상황을 선택해준다는 뜻이다.

간단한 예로 내가 즐기는 운동이 있겠다. 난 타고난 멸치이자 어좁이였다. 하지만, 어떤 일을 계기로 운동을 꾸준히 한 끝에 골격과 체형이 완전히 달라졌다. 지금은 운동을 평생 하지 않아도 멸치로 돌아갈 일이 없게 되었다. 신체의 기본 틀이 달라진 것이다. 몇 주일 운동을 안 하면 근육과 덩치는 줄어들지만, 멸치였던 그 시절로 돌아가고 싶어도 돌아갈 수가 없다. 그리고 줄어든 근육과 덩치는 3~4일만 운동해도 금세 회복되고 본래의 탄력으로 돌아온다.

메타인지 글쓰기도 이와 똑같다. 처음에야 힘들지만, 1~2년 꾸준히 글을 쓰다 보면 메타인지가 높아지면서 고정화된다. 임계점이 높아진 뒤에는 계속 쓸 필요도 없다. 이따금 본래의 안정보다 큰 불안을 느끼거나 심심할 때 다시 쓰면 인지 능력이 자연스레 돌아온다. 메타인지 글쓰기로 얻게 되는 다방면의 글쓰기 실력은 덤이다. 진짜 유용한 건 여러 상황과 입장에 따른 각종 처세술도 임계점을 넘게 된다는 점이다. 거래나 비즈니스를 할 때 이 사람과 나의 유대감은 어느 정도인지, 연관성은 어느 정도인지, 앞으로도 이로운 관계인지, 내가 줄 수 있는 것, 내가 받을 수 있는 것은 무엇인지 사람과 사람 간의 복잡한 계산이 단 1~2초 만에 이루어지는 것이다. 머리가 맑아질 수밖에 없다. 연애 또한 마찬가지. 어쩌다 여자친구와 갈등이 생겼는데, 나와 여자친구의 입장과 의견을 고려해보기도 전에 잘 단련된 메타인지가 알아서 적절한 말과 행동을 선택할 수 있도록 도와주는 것이다.

더 밀접한 예시로 '운전'을 들 수 있다. 운전은 참 간단한 기술 같지만, 차선 하나를 바꾸는데도 꽤 많은 동작과 조건이 필요하다. 먼저, 손으로 방향등을 켜야 하고, 눈은 백미러를 주시해 뒤에 차가 없는지 확인해야 하며, 발은 브레이크와 액셀을 나눠 밟아 속도를 조절하고, 나머지 손은 차가 부드럽게 이동할 수 있도록 핸들을 잡아야 한다. 실수로 사고가 발생하면 차에 탑승한 사람들까지 크게 다칠 수 있는 위험한 과정이다. 그런데, 숙련된 운전자는 고작 몇 센티미터의 간격을 두고도 그 복잡한 과정을 아무렇지 않게 해낸다. 자신의 실력에 대한 확신이 그 위험한 과정을 별거 아닌 순간으로 만들어 버리는 것이다. 운전에 대한 이해도가 높고 신뢰와 확신이 강력하니 가능한 일이다.

메타인지도 운전과 다를 게 없다. 자신의 여러 모습에 대해 이해도가 높아질수록 남들이 보기엔 위험하고 부담스러운 선택지인데도 태연하게 판단하고 결정하게 되는 것이다. 30년의 복지가 걸린 대기업 면접에서도 기죽지 않고 자신이 할 수 있는 모든 말을 할 수 있게 되고, 말 한마디 잘못하면 만남을 이어가기 어려운 썸에서도 차분하게 해야 할 말을 떠오르게 만들고, 누군가의 시비나 언질에도 마음이 덜 상하고, 더 올바른 표현으로 상황을 풀어가게끔 만든다.

운전이 큰 사고로 이어질 수 있어 처음엔 무섭고 힘들지만, 적응하고 나면 '이동의 자유'를 체감하고 나면서 '이 좋은 걸 내가 왜 안 하고 살았지?' 하며 자문하게 되는 시기가 온다. 이동의 자유를 알고 모르는지가 자신의 사고에 얼마나 엄청난 차이를 가져오는지 운전해본 사람이라면 공감할 것이다. 메타인지도 처음엔 내가 겪어온 수많은 것들을 풀어서 정리하려니 막연하고 멀게만 느껴질 것이다. 멀게 볼 필요 없다. 종이 한 페이지만 작성해보자. 내 마음의 어느 한 페이지가 풀리는 걸 체감하게 될 것이다. 페이지가 많아질수록 내가 여유롭게 말하고 행동할 수 있는 부분이 넓어지고, 끝내 '마음의 자유'를 체감하면서 '이 좋은 걸 내가 왜 안 하고 다녔지?' 하며 자문하는 날이 오게 될 것이다. 책을 읽은 당신에게도 꼭 그런 날이 오기를 바란다.

에필로그

 나의 이야기들이 어떻게 와닿았을지 모르겠다. 책 속에는 강하게 주장하는 부분들이 많았지만, 적어가기 전에 많은 망설임이 오갔다. 누군가의 삶에 방향을 권하는 건 정말 조심스러운 일이다. 좋은 의도로 전하고 싶었지만, 해석하기에 따라 얼마든지 불쾌할 수 있는 여지도 많았다고 본다. 불편하게 느꼈을 분들에겐 죄송하지만, 그렇게 해서라도 내가 얻은 교훈을 최대한 전달하고 싶었다. 난 지금도 여전히 자유롭게 살고 있다. 각자 자신의 위치에서 얼마든지 가능한 일이다. 펜과 종이만 있으면 누구나 자신을 알아갈 수 있다. 우리는 우리를 잘 알고 있을까? 아니면, 안다고 착각하고 있을까? 자신을 알고 있는 정도에 따라 우리의 자유는 무한히 커지고 작아진다.
 난 자신에 대한 착각이 무척 심했다. 일상의 모든 방면을 '나'라는 존재와 반대로 적용하고 있었다. 나에게 어울리지 않는 정보와 가치관을 품은 채 살아갔다. 그 덕분에 시작하는 일에 매번 실패하고, 사랑도 실패하고, 관계도 실패했다. 무엇하나 꾸준히 해낸 적도 없었다. 똑같은 후회를 반복하며 과거와 달라진 게 없는 자신을 매 순간 마주해야만 했다. 그 지경이 되어서도 상황을 탓할 뿐, 자신을 성찰하지 못했다. 성찰이라는 개념 자체를 몰랐다. 만약, 내가 글쓰기를 하지 않았다면 평생을 방황하며 살았을 것이다. 가장 가까이 있는 정답을 두고 이런저런 말들에 이끌려 숱한 시간과 감정을, 피땀 흘려 번 돈을 날려 먹었을 것이다.

아픈 아버지의 목숨값에 기생하며 멋대로 주변을 탓하고 판단하던 녀석은 이제 없다. 새벽부터 일어나 운동을 시작한다. 퇴근하고 남는 시간은 원하는 미래의 모습을 위해 모조리 몰두하며 하루를 보낸다. 자신에게 주어진 것이 아무것도 없다며 한탄하던 놈은 주어진 것을 겸허히 받아들이고 그 속에서 자신만의 순서와 방식을 찾아 건강, 사랑, 관계를 모두 챙겨 나아가고 있다. 시작과 포기를 반복하며 우울에 빠져 살던 녀석은 포기하고 싶어도 포기할 수 없는 인간이 되어 버렸다. 과거의 모습과는 너무나도 멀어져 버렸다. 돌아가고 싶어도 돌아갈 수 없을 만큼 달려와 버렸다. 누군가는 예전으로 돌아가고 싶다지만, 나는 예전의 내가 싫다. 나는 지금이 좋다. 열심히 살아가는 이 순간이 좋다. 모든 힘을 다해 나아가는 지금의 내가 좋다. 주어진 환경에서 자유롭고 치열하게 살아가는 내가 좋다. 유명해지는 것, 부자가 되는 것, 성공하는 것, 그건 내가 아는 자유로움과 거리가 멀다. 잠깐 주어지는 일시적인 작은 자유일 뿐이다.

이 세상을 살아가는 내가 어디로 가야 하는지, 어디로 가고 있는지, 지금 무엇을 해야 하는지 아는 것. 살아가며 마주하는 모든 것들로부터 어떻게 반응하고 대응할지 알고 있는 것. 나를 어지럽히는 것들로부터 나답게 살아가는 것. 그것이 내가 권하고 싶은 영원한 자유로움이다. 글을 쓰면 이 말들에 대해 천천히 공감하게 된다. 적으면 적을수록 나에게 어울리는 수많은 조언과 정보를 알아서 흡수하게 된다. 그것이 대체 거저먹는 게 아니면 무엇일까? 나에게 어울리는 것과 어울리지 않는 것이 선명하게 보인다. 무엇이 나를 웃게 해주고, 무엇이 나를 슬프게 할지 보인다. 무엇이 나에게 힘을 주는지, 무엇이 나를 주저하게 만드는지 보인다. 어떤 게 나다운 것인지, 어떤 게 나답지 않은지 분명하게 보인다. 나는 이제 살아가는 것이 두렵지 않다. 기쁘다. 뜨겁다. 계속해서 살아가고 싶다.

단 하루라도 자유롭고 싶은 마음에 무작정 끄적였던 글쓰기는 나의 모든 하루를 자유롭게 만들었다. 나만 그런 것이 아니다. 당신도 얼마든지 자유를 누릴 수 있다. 당신은 이미 이유를 알고 있다. 무엇이 나를 웃게 만드는지, 무엇이 나를 슬프게 하는지, 무엇이 나를 주저하게 하는지, 무엇이 나를 나아가게 하는지 스스로 알고 있다. 지금 쉬고 있는 방 안에서 언제든지 알아갈 수 있다. 펜과 종이만 있으면 된다. 한 줄이라도 좋다. 지금 나에게 묻고 싶은 질문 한 가지라도 써보자. 이제껏 하지 않았던 그 한 가지 질문에서 자유는 시작된다. 자신의 삶은 그 어떤 것보다 소중하다. 무엇과도 비교할 수 없다. 그런 자신의 삶을 자신만의 방식으로 자신답게 나아갈 수 있길 응원한다. 어디 먼데 갈 필요 없다. 집 안에서 편안하게 적어가다 보면 어느 순간 자유를 거저먹고 있는 자신을 발견할 수 있을 것이다.

초자유, 메타인지 글쓰기

초판 1쇄 발행 | 2022년 4월 22일

지은이 | 엄성원
펴낸이 | 김지연
펴낸곳 | 마음세상

주 소 | 경기도 파주시 한빛로 70 515-501

신고번호 | 제406-2011-000024호
신고일자 | 2011년 3월 7일

ISBN | 979-11-5636-480-1 (03190)

원고투고 | maumsesang@naver.com

* 값 13,400원

* 마음세상은 삶의 감동을 이끌어내는 진솔한 책을 발간하고 있
습니다. 참신한 원고가 준비되셨다면 망설이지 마시고 연락주세
요.